JN023741

NORSE
MYTHS

VIKING LEGENDS OF
HEROES AND GODS

Martin J. Dougherty
マーティン・J・ドハティ──
著

Atsuko Sumi
角敦子──訳

［ヴィジュアル版］

北欧神話物語百科

原書房

[ヴィジュアル版]

北欧神話物語百科

［目次］

ノース人

トールやオーディン、ロキの神話物語というと、少なくとも、
ああそういう話もあったと記憶している人がほとんどではないだろうか。
どこで聞いたかは正確にいえないにしても、北欧の神々が巨人と戦い、
そのあげくに悪巧みの神ロキに裏切られる筋書は思いだせるかもしれない。
神々が滅び世界の終末が訪れる壮絶な戦いラグナロクも、
大衆文化に取りこまれている。

　神話体系を調べようなどと思わない人も、北欧人（ノース）の
宗教については、たいてい知らず知らずのうちに驚く
ほど多くの知識をもっていたりする。その理由のひと
つに、北欧神話がほかの文化に絶大な影響を与えてい
ることがある。そのため、そうした伝説が今日にいた
るまで、ノース人の歴史としてだけでなく、ほかの形
でも伝えられているのだ。北欧神話から「借用した」発
想は現代のファンタジーやSFに頻出する。エルフも
そう、ドワーフも、「眠れぬ墓」からよみがえる不死の
戦士もそうだ。

✦前ページ──「ヴァイキング時代」が遠い過去となった12世紀のタペストリー。主神オーディンと愛の女神フレイヤ、雷神トールが描かれている。北欧神話についての知識のほとんどが、このような後世の史料から得られている。口承時代の記録はほとんど残っていない。

現代小説の中にも、意図的に北欧神話のキャラクターを転用しているものはある。漫画やアニメの「マーベル」で、先進的な種族であるソー（トール）と仲間の神々は、科学を用いて神のような力をふるう。それでも基本的には元の神話の登場人物と変わらない。デヴィッド・ドレークのSFファンタジー小説「ノースワールド Northworld」シリーズでは、中心的登場人物が北欧の神々と酷似している。指揮官のノースからして主神オーディンと同様に、未来の知識と引き換えに片目を失っている。著者は明確な意図をもって神話上の人物を利用しているのだ。

また影響がわかりにくい例もあるだろう。実際、現代の作家が何気なくファンタジーやSFの小説に登場

✤下──ノース人に魅了された現代人は、その家や生活様式を詳細に復元している。このニューファンドランド島（カナダ）のランス・オ・メドーもそのひとつ。

させたものも、結局は北欧神話にオリジナルの発想が
あったりするのだ。ドワーフが作る魔法の武器はファ
ンタジーの頻出アイテムだが、北欧伝説に由来してい
ることに気づいている者はほとんどいない。同様に、
SFには「ラグナロク装置」や「ラグナロク作戦」がやた
らと登場する。その意味することは、オリジナルの神
話物語をまったく知らない者にも明白だ。

　北欧神話の登場人物と物語には、なぜほかの神話に
ない強力な影響力があるのだろう。理由は山ほどある。
ひとつには、興味をそそるキャラクターがいてその冒
険が波乱万丈の物語になることがある。ほかの神話に
も同じくらい魅力的な人物はいるが、知名度は劣る。
それを補うためには説明が必要になるので、どうして
も読者や視聴者の興味を同じようには引きつけないだ
ろう。馴れ親しんだ物語なら真実味がある。よく知っ
ているキャラクターには共感もわきやすい。そのため
ノース人の神話は現代でも、想像力を刺激し人々を楽
しませつづけている。また、ノース人自体もそうした
理由のひとつになっているのだ。

ノース人

よく（ざっとしたくくりで）「ヴァイキング」とも称せられ
るノース人。古代スカンディナビア人とも呼ばれる。
居住していたのは現代のデンマーク、ノルウェー、ス
ウェーデン、そしてフィンランドの一部をくわえたス
カンディナビア半島で、そこから四方八方に散らばっ
た。現在のロシアとなる地域では「ルーシ」と呼ばれ、
この国の発展に重大な影響をおよぼした。フランスの
ノルマンディーではフランク国王に入植を認められて、

ノルマンディー公国を成立させている。現代の英国君主の系譜はここから始まっている。ノルマンディー公であるウィリアム征服王は、ノース人の武装集団の首領とは若干異なるが、その血統や伝統をさかのぼると北欧世界にまで行きつく。

ノース人はほかにもアイスランド、グリーンランド、さらには北アメリカの豆粒のような地域(ニューファンドランド島)にも植民した。もっとも北米からは瞬く間に撤退している。ニューファンドランド島とグリーンランドの入植地は大昔に消失したが、アイスランドは繁栄して近代国家になった。サガとは古ノルド語による物語だ。そうした北欧の英雄のサガの多くがようやく文字で残されたのがアイスランドの地なら、ノース人とその神々にかんして、わたしたちの知識の大部分の源となっているのもここの伝承である。

ニューファンドランド島とリーンランドのノース人入植地は大昔に消失したが、アイスランドは繁栄して近代国家になった。

「ヴァイキング」という言葉は、多くの場合ノース人全般を指したが、実際には遠征、すなわち「ヴィック」に従事する者を表していた。では遠征とは何か？ 船の漕手の交替が必要な旅と定義される。だからまっすぐ目的地に向かい、漕手も変わらないような短い船旅は該当しない。もっと広い意味では、遠征は陸路、海路のいずれの長旅も意味すると考えられた。だから遠征を企てる者はだれでもヴァイキングになる。ただし帰還するまでのあいだだけだが。

ノース人の「遠征」でよく知られているのは、いうまでもなく、ヨーロッパ沿岸部を荒らし被害を拡大していった襲撃だ。ただし、ヴァイキングはそれと同じくらい交易にも意欲的だった。遠征の中には、多少とも

❖上──ノース人による襲撃ははじめ多くとも数隻の船で行なわれたが、後の「ヴァイキング時代」になると、何百隻もの船と何千人もの兵による船団が送りこまれた。845年、および885–886年には「ヴァイキング」がパリを包囲している。

両方の面をもち合わせた例がある。どちらになるかを決したのは、上陸する土地の富と見た目の警備の厳しさだった。こうした襲撃と交易の遠征を目的に、ノース人はヨーロッパ沿岸部をまわって地中海に入った。もちろん、気に入った場所に住みついたりもした。植民はイギリス諸島、北欧沿岸部、アイスランドにくわえて、バルト海の内陸部でも広範に進められている。

　交易遠征（と襲撃）の範囲はアラブ世界におよび、シルクロードの一部にまでかかっていた。そういえば、いささか想像力がたくましすぎると思われる試みが行なわれている。東南アジアで見つかったルーン文字らしき落書きを、「ヴァイキング」の遠征とむすびつけるというものだ。となるとその交易ルートはシルクロー

ドをとおって中国へ、さらには揚子江、太平洋沿岸部にまで達する［ルーン文字は、ゲルマン人のあいだで使用されていた］。ノース人がオーストラリアに到達したという説まであるが、その根拠に信憑性はない。かといえば、北米入植地の規模を大幅に水増しした例もある。北米大陸の内陸部にもノース人の入植地があったことを、さまざまな偽の遺物で「証明」しているのだが、さすがにこの主張には無理がある。

　ノース人がどこに行って何をしたかについての突拍子もない主張はさておき、まちがいないといえるものがある。彼らがあちこちに出没して、良きにつけ悪しきにつけ人々の印象に残ったことだ。東ローマ帝国の皇帝は、バラング近衛隊という精鋭部隊を擁しており、そのメンバーは当初、ルーシの戦士から集められていた。このルーシもロシアに新天地を見出したノース人

✤下——ノース人はヨーロッパとロシアの大河を交通路として中東にまで到達し、ここでアラブ人商人と取引した。そうしてできたシルクロードとの接点は、はるか彼方の中国とつながっていた。

だ。バラング近衛隊はしばらくすると、北欧の多方面から兵を補充するようになったが、そうした者の出身地の大半がノース人の影響を受けている。

ノース人が侵略した場所では、必ず襲撃者にまつわる伝説が生まれた。定住地には伝統的な神話物語がもちこまれ、キリスト教の導入後もそれが長く残った。それどころかノース人の多くはしばらくのあいだ、キリスト教と自分たちの古い神々の共存を、別段いやがらずに受けいれていたのである。とはいえ時とともに、北欧の神々は神話の世界に消えていった。ただしそれでも、神々の文化への影響は感じられていたのだ。

ノース人は勇猛果敢な人々で、多くは厳しい環境の土地を故郷としていた。屋根のない船で長い航海をひるむことなく企て、海洋での航海術まで編みだしている。たしかに勇敢ではあったし、必要とあらば躊躇なく暴力を行使した。だが実のところ、北欧文化の中でプロの戦士はまれな存在だったのだ。「ヴァイキング」の大半は遠征後には農地や元の職業に戻ったし、多くが次の遠征に出ようとはしなかった。ただ、戦う神々の話を聞かされて育ったので、勇気と武器扱いの技能、似たような軍事的な価値観を尊重していた。したがってノース人は、血の気が多かったとはいえ、必要なときだけ活躍するパートタイム戦士で、種族全体で戦いを生業としていたわけではない。

ノース人の交易者と移住者は神話物語とともに移動しており、そうしたものは時とともに当然ながらゆがめられ、ほかの文化の神話物語と融合した。その結果、ひとつの話から多くの異話が生まれることも、場合によってはごく一般的な言葉を別にすれば、オリジナル

❖神話と現実の融合

ノース人の言い伝えにある「竜船(ドレキ)」は、事実をゆがめた創作の一例だ。「竜船」という言葉は、襲撃や交易の遠征に使われたロングシップを表すために昔から使われている。こうした船の舳先にはたしかに恐ろしげな生き物の彫り物がついていたが、それが竜だったことを示す決定的証拠は見つかっていない。考古学者は蛇や馬など、多様なモチーフを確認している。もちろん、竜の彫り物が一般的だった可能性もあるが、実物はひとつも残っていないのだ。

「竜船(ドレキ)」という言葉の由来も曖昧だ。史料には北欧の船と竜の関連を示唆するものがあるようだが、舳先の彫刻についての記述ではなく、想像の産物だと思われる。年代記作家が目撃者により脚色された話を記録した可能性もある。なんといっても、血に飢えたノース人がひしめく船が近づいてきたら、普通の村人が、船の舳先の彫り物を蛇ではなく竜に見誤ったとしても無理はない。あるいは誇張や吟遊詩人の語りでそのように表現された結果なのかもしれない。歴史家で吟遊詩人、そしてデータ復旧システムでもあるスカルド詩人は、詩の中でいわゆる「ケニング(婉曲)代称法」を使用した。ケニングは、船を「海の馬」とするような単純な比喩だったり、わかりにくい複雑な言

いまわしだったりする。「波の竜」のような言葉は、舳先に竜の彫り物がある船を意味しているとも解釈できるし、船に満載された強欲なヴァイキングのことともとれる。ヴァイキングが下船すれば、阿鼻叫喚の光景が広がるのだ。

❖上──北欧の船の舳先の彫刻。ヴァイキングの大きな誇りであり、船ごとに特徴ある形だったのはまちがいない。外洋を延々と航海しなければならない者にとって、なくてはならないものだったのだろう。

の話とは似ても似つかない話に発展することもあったのだろう。また、当の北欧の人々もどれが作り話でどれが自分らの神話かがわからなくなり、ついには著しくゆがんだイメージをもつにいたっている。

北欧神話が現代人から見てゆがめられているのは、いわゆる「ヴァイキング時代」に文字による記録がほとんどなかったためとも思われる。ルーン文字は使われていたが、重要な情報はスカルド［吟唱詩。エッダの表現より技巧的］の刻文に秘められていた。北欧のスカルド詩人は英雄的行為を記録して称え、朗唱し、新しいスカルドを訓練することで記憶に呼びさましつづけた。そうした口述のサガが書き留められたのは、「ヴァイキング時代」が過ぎてからかなりあとだったので、ほかの神話体系とくらべてゆがみはずっと大きかったのだ。

　わたしたちの北欧神話にかんする知識の大半は、『詩のエッダ』と『散文のエッダ』に書かれていることから推測されているが、そうした手がかりは断片的で、時に矛盾している。このような伝統的な北欧の物語は、後世になって主にアイスランドで書き留められた。またそうした中に出てくる神話伝説の多くは、人間の英雄伝の中で語られている。

　完全版の参考文献として使える「聖典」は1冊もないし、提示されるどの情報も完全に正確であるとは言い切れない。

　わたしたちが一般的に受けいれている北欧の物語の大部分は、アイスランドの歴史学者スノッリ・スツルソンが『散文のエッダ』で描いた世界を発展させたものだ。この著書の執筆時期は1200–1240年だった。そうなると「ヴァイキング時代」が終わってから、またさらに重要なことに、キリスト教が古代北欧の宗教にとって代わってからずいぶん長い年月が経っている。スツルソンはそのところどころで、北欧神話のパンテオン

を「取り繕う」ために、細かい辻褄合わせをしているふしがある。たとえオリジナルの神話に根拠がないような場合でも、ある神の両親の名前をあげるために、神と巨人を勝手にくっつけたりしているのだ。スツルソンはまた、北欧の概念にキリスト教の価値観を押しつけているようなところもある。彼の描く死と来世はとくにそうで、天国と地下の地獄というキリスト教的な考えの影響がうかがわれる。

　違う文化圏の年代記編者が、北欧の神々について理解しやすいようにと、対比を用いたのはいたしかたないだろう。だが、それで混同を生じていたりもするのだ。トールはトールで、断じて稲妻を操れるようになったローマ神話の軍神マルスではない。この手の対比は基本的な理解には役立つとしても、全体的には物事を混乱させて、決して存在しなかった汎ヨーロッパ的な単一神話（モノミス）のようなものを作りあげることになりかねない。

❖上──14世紀の『詩のエッダ』の写本。もともとはスノッリ・スツルソンが北欧の伝統的な詩を編纂したもの。北欧の宗教からキリスト教への改宗があってから、物語が記録されるまでの時間を考えると、歪曲された部分があるのは仕方がないだろう。

誤解

ノース人とその神々についてのわたしたちの認識を、さらにゆがませているものがある。ヴィクトリア時代に再燃したこの分野への興味だ。この時代のイギリスでは、古典古代期(古代ギリシア・ローマ)への関心が大きく高まり、それらの文化とノース人の文化とのあいだで、多くの不適切な対比が行なわれた。ヴィクトリア時代の空想から生まれた北欧の戦士は、羽根兜をかぶっているが、そのような考古学的証拠はない。時代錯誤的な服装や鎧を身に着けた描写も多い。

ヴィクトリア時代の人々はノース人に対し「高貴な野蛮人」というイメージをいだき、その神話のほかの面もいくらか都合よく改変した。たとえば戦死者の魂をヴァルホル(「ヴァルハラ」という別称もこの時代の歪曲)に導くヴァルキュリャ(ドイツ語はワルキューレ)だ。

> 破壊しまくる残忍なノース人というイメージを作ったのは、主にその被害者だ。

もともとは鬼女で死肉を喰らう獣とともに登場していたが、のちには戦士を助ける美しい乙女として描かれるようになった。キリスト教の天使も同じ扱いを受けている。はじめ天使は恐ろしい姿をしていた。3つの頭に6枚の翼をもち、おどろおどろしい印象を与えていたのだ。近代になって描かれた穏やかで美しい天使は、見た目にはるかに心地よい。同様のことが近代のヴァルキュリャにもいえる。

ノース人にはもちろん、暴力的で原始的な野蛮人という一般的なイメージもある。この手の「ヴァイキング」は精神病質者(サイコパス)で、角つきの兜をかぶりドクロを盃にしている。だがまたもや、ノース人の兜に角があっ

たという史実はない。当然といえば当然だろう。なぜ
ならそんなものをかぶったら戦いにくいことこの上な
いだろうし、船のロープや支柱にもひっかかりやすい
と思われるからだ。破壊しまくる残忍なノース人とい
うイメージを作ったのは、主にその被害者だ。キリス
ト教徒もそうした立場で歴史を綴りつづけた。多神教
の神々を信奉する北の民が現れては、キリスト教の教
会を略奪していく。書く側からすると、公正で偏見の
ない見方をしようとする動機はないに等しかった。

　そうした訳でノース人に対する今日の印象は、はな
はだしくゆがめられているのである。北欧の宗教への
理解についても同じことがいえる。だが、少なくとも
こうした歪曲された像がなければ、北欧神話はこれほ
どまでに人々に受けいれられていなかったともいえる
のだ。この神話はヨーロッパ全土だけでなくその外の
世界にも広まり、北欧の神々の信仰が一般的でなく
なってから1000年経った今でも、強力な文化的影響力
をふるいつづけているのである。

ノース人の起源

通称でノース人と呼ばれるようになる人々は、紀元前
8000–4000年にスカンディナビア半島にやって来たよ
うだ。氷河期が終わり、この地域の気温が上がってき
た頃である。初期の住人は半遊牧的狩猟民で、農業と
牧畜を徐々に営むようになって定住したのだろう。こ
こでは青銅器時代がおよそ紀元前2000–1500年に始
まっている。金属製の優れた道具ができたおかげで農
業と工芸技術が効率化し、この地域でそれ以前より多
くの人口を養えるようになった。

広範に使用されるようになった鉄器が、スカンディ
ナビア半島にも到達したのは紀元前500年頃だ。そう
してまた品質を向上させる道具と武器が作られると、
青銅より鉄の加工のほうが好まれるようになった。道
具の品質と耐久性が向上したのにくわえて、ほとんど
の地域で鉄を容易に入手できたために、青銅の材料を
交易で手に入れる必要がなくなったからである。

この頃のスカンディナビア人が、北ヨーロッパのほ
かのゲルマン人と交流し、そういった人々をとおして
ローマ帝国ともつながっていたことは知られている。
スカンディナビア文化は、ヨーロッパの原ケルト（ハ
ルシュタット）文化とその後のケルト文化、そしてさら
にはローマ社会の影響も（少なくとも多少は）受けていた。
ローマの文献の中にはスカンディナビア半島の地名が
記されているものがあるが、そうした記述がどこまで
正確かはわからない。

当時のスカンディナビア半島では、海からの襲撃と
交易はさかんに行なわれていたが、使用されていた船
では、長期の航海も外洋を渡ることもできなかった。
墳墓の遺物から、スカンディナビア半島は繁栄してい
たが、たえず紛争があったことがうかがえる。おそら
く規模は小さかったのだろう。丘上の砦などの要塞が
築かれるほど、沿岸部の襲撃は日常的だったが、大規
模な戦闘があった形跡はほとんどないのだ。それはほ
ぼまちがいなく、組織化された大きな国家がなかった
ためだろう。

西暦400年頃には、北アジアの好戦的なフン人が
ヨーロッパに侵攻しはじめて、とてつもない大混乱を
引き起こした。スカンディナビア半島には大きな直接

❖下——スカンディナビア
半島が鉄器時代に入る前も、
ノース人は高品質の武器な
ど、金属製品を作る技術を
もっていた。この青銅の槍
の穂先は装飾のある素晴ら
しいできばえで、耐久性で
は鉄の穂先に劣ったとして
も、たいていそれに負けな
いダメージを敵に与えたの
だろう。

的な影響はなかった。この地域へはフン人は侵入しなかったのだ。ところがしばらくすると、ゲルマン系諸部族の多くが圧迫され、新たな故郷を求めて全体的に東に向けて放浪しはじめた。またそれ以外にも、追い詰められたスラブ人とフィンランド人が北方のスカンディナビア半島に流入した可能性もある。そうしたことが重なり、結果的にある程度大きな社会変動が生じたと考えられる。

もともと古代スカンディナビア人はヨーロッパ本土のゲルマン語族と同じ言語を使用していたが、550–750年にはこの言語が急激に変化して、「デンマーク語」ができあがった。このドンスク・トゥンガはスカンディナビア半島全体とノース人の入植地で話されていたが、方言に分化して、（スウェーデンやデンマークなどの）東部ではやがて、アイスランドやアイルランドの入植地とはほぼ異なる言語が話されるようになっている。

ヨーロッパの他地域が民族大移動のまっただ中にあった時期も、スカンディナビア半島は低レベルの紛争があった程度で安定していた。この大移動にともなう激動で誕生した新生国家は、たいてい複数の構成民族に由来する性格を帯びていた。スカンディナビア諸国のほうは他文化と融合

❖下──ヴェンデル期の兜。「ヴァイキング時代」に入る直前のもの。今の時代に描かれる羽根つきの奇妙な兜より実戦に向いている。頬当てのあるスタイルには、ローマの影響があるのかもしれない。

していない。そのため、原北欧文化の種の一部はまちがいなく広く蒔き散らされたものの、800年になると、ヨーロッパの新興国はスカンディナビア諸国とまったく違う発展を遂げていたのである。

この時期は、この年代の代表的遺跡がある地名にちなんで「ヴェンデル期」と呼ばれる。原北欧文化が出現した頃で、上流階級は新興のフランク王国から馬を輸入するほど富に恵まれていた。この時代の伝説やサガには、王侯貴族が騎乗で戦ったことを伝えるものがあるが、一般的だったのは徒歩での戦闘である。

この時代について知られている知識のほとんどは、ヴェンデルなどの考古学的発見から得られている。遺跡からは、おびただしい財宝や第一級の工芸品にくわえて、輸入でしか手に入らない物品も出土している。この頃には造船技術が進歩していたので、イギリス諸島での交易や英オークニー諸島への植民も可能になっていた。長期の遠征に出られるようになり、一般的にいう「ヴァイキング時代」に突入している。ふつうその幕開けが793年とされるのは、この年に「ヴァイキング」初の大規模な襲撃が、イングランド北東部の沖合にあるリンディスファーン島であったためだ。ちなみにこの島は干潮時には陸続きになる。ところが少なくともその数年前から、スカンディナビアの船はブリテン島に遠征していた。一般的な用語の定義では、そうした船の乗組員もヴァイキングになる。

ヴァイキング時代は、襲撃の規模が拡大していったのが特徴的だった。当初は1、2隻で遠方の入植地や守りが手薄な町を狙っていた。それがのちには、何百隻もの船団を繰りだして大規模作戦を企てている。北欧

✤右—— ヴァイキングが
ヨーロッパの神聖な場所を
襲って略奪するという一般
的なイメージは、793年の
リンディスファーン島への
襲撃を機に広まった。だが、
ノース人は神に戦いを挑ん
だのではない。動機は単に
略奪品から得られる利益に
あったのだ。

軍は広範囲の陸の覇者となるべく、戦いを挑んだのだ。
1066年、ヘースティングズの戦いをもって「ヴァイキ
ング時代」は終わったとされる。この頃には、各地に
「ヴァイキング王国」ができていた。スカンディナビア
半島はもちろん、何よりイングランドのヨーク周辺で
王国が成立していた。そのひとつがヨーロッパの一公
国にまで成長し、イングランドをめぐる三つ巴の戦い
で勝利したことで、「ヴァイキング時代」は幕となった。
この頃になるとキリスト教が古代北欧の宗教と入れ替
わり、ノース人自身が著しい社会的変化を経験してい
た。ヴァイキングの時代は過ぎ去った。それでも古の
ノース人は、古代ギリシア・ローマ人に引けをとらな
いほど、何につけてもヨーロッパ文化に影響をおよぼ
しつづけたのである。

ルーン文字

ルーン文字は記号で意味を伝えたが、文字とも絵文字とも言い切れない。言葉を綴ることもできたが、スペルや文法を超えた意味を伝えるために用いられた可能性もあるのだ。多くの場合は文字として機能し、音や単語の一部を表した。また概念を包含する絵文字にもなった。ルーン文字がどちらに解釈されるかは前後関係による。おかげでたとえ特殊でない使われ方であっても、現代の翻訳作業はなかなか進まない。ルーン解釈のルールが時期と場所によってまちまちなのでなおさら大変だ。

ルーンの文字体系はしばしばアルファベットまたはルーン・アルファベットと呼ばれるが、複数の意味をもつことが可能な文字集合とも考えられる。ギリシア語の「アルファベット」という名称が最初の2文字に由来するように、このゲルマン人のルーン文字集合も、アルファベットの最初の6文字をとってフサルクと称される。古代ケルト人が用いたオガム文字は、木や石、骨に彫りやすい直線を組み合わせており、西暦1世紀くらいに誕生したようだ。これは当時の言語を書き留めるために使われたアルファベット体系で、ゲルマン人のフサルクとは別系統だが、同時代のものである。

> ルーン文字は言葉を綴ることができたが、概念や音、単語の一部を表すこともあった。

知られている中での最古のフサルク、「古フサルク」は西暦1世紀くらいに出現し、西暦400年前後に完成した。「ヴァイキング時代」が始まった8世紀には24文字の古フサルクの代わりに16文字の「新フサルク」が用い

られている。アングロ＝サクソン人の土地では、38文字のアングロ＝サクソン・ルーンが発展した。アングロ＝サクソン・ルーンと古フサルクはどちらもヨーロッパで広まり、やがて一部の使用者によって融合された。

　ルーン文字風の書体は地中海世界から北ヨーロッパのゲルマン人に伝わっており、現代の学者は一般的に、初期のルーンは、ラテン語より前のイタリアの言語から派生した可能性が高いと考えている。ところがノース人は、ルーンを使うようになった経緯を、それよりはるかに劇的な話で説明しているのだ。神のオーディンが、叡智を得るために自分の槍でみずからの体を傷つけて、木——おそらくは世界樹ユグドラシル——から吊りさがり、9日9晩を過ごした。この苦行のあいだに過去を映すウルズの泉を凝視して多くを学び、ルーン文字とその力を獲得したというのだ。

　そのためノース人はルーン文字を、ただ伝えたいことを書く手段ではないと見ていた。力の源であり、主神オーディンからの贈り物で、人々とだけでなく人間界を超越した存在や力と交信する手段にもなりえるもの。ルーンはある意味、宇宙との直接的な交信に使えたので、正しく用いれば現実に影響をおよぼすことができると考えられていた。

ノース人のサガでは、英雄が棒や骨のようなものに正しいルーンを彫ると魔力が生じた。また英雄は、ほかの者がルーンの魔法をかけたらどうなるかを重々承知していたのである。

ルーン文字は未来を占うため、あるいは隠されたものを見通すために使用されたという説もあるが、そういった事実を示すような証拠はほとんどない。ルーン占いという概念は現代のファンタジーに浸透し、一般的に歴史的根拠があるものとして受けいれられている。ところが実際のノース人はルーン占いをしていなかったかもしれないのだ。

北欧世界を外から見た者は、多様な方法を用いた占いを記録している。だがそういった文章では往々にして使われているのがルーン文字なのかほかの手段なのかはわからない。とはいってもそれでも、最近になってルーン占いをさまざまな者が提案し、（目ぼしい証拠の有無を度外視して）自分のやり方が伝統的な北欧の流儀にのっとっていると主張するのを止めることはできない。長年にわたりさまざまな形の「ゲルマン神秘主義」が登場しているが、その多くにタロット占いではないかと思える要素がある。もっとも、ルーン文字には占いを超える直接的な力があると訴える者もいるが。

伝統的な物語の中では、魔力を得るためにルーン文字を使ったことが明言されている。ルーンの呪文を使えば病気やけがが治り、戦いに勝利が呼びこまれ、弁が立つようになり、船が気まぐれな波風から守られる。『詩のエッダ』と『散文のエッダ』では、登場人物がルーンの魔術を使う具体的な例が示されている。しかもある箇所では、ヴァルキュリャがルーンの使用で可能な

✤上——ルーン文字で書かれた詩（「マリアの嘆き *Mary's Lament*」）。この詩が書かれた14世紀には、少なくとも教養人と聖職者のあいだでは、ルーン文字ではなくラテン文字による筆記が主流になっていた。

魔術の効果を列挙しているのだ。ルーン文字は現実を作り変えられるので、占いにはあまり向かなかったかもしれない。占いの目的は、不動の真実と未来を見せることにある。ところがルーンの魔法はその未来を変えられるのだ。

北欧神話とほかの文化

北欧神話とほかの文化の神話とのあいだには、多くの類似点がある。なかには文化が混ざりあったため、またはある社会に属する学者が聞き慣れた言葉で別の社会の宗教を説明しようとしたために、後づけでそうなった例もありそうだ。神話だけでなく神も文化汚染によって、片方のパンテオンから「借用」されて異なる文化のパンテオンに追加されることすらあったかもしれない。また、完全な別系統として成立したふたつの神話体系でも、驚くほど似て見えることもある。

どのパンテオンでも、神々はたいていなんらかの役割を果たしている。というか、実は果たす必要があるのだ。神々の中には統率者がいなければならず、その支配者としての役割によく仲間の神が挑戦する。敵対関係といえるものも生じるし、古代世界の人々が担っていた特定の役割と一致する役割をもつ神々もいた。そのため戦士、学者など重要な役割を象徴する神々とともに、豊穣や愛といった類を司る神も必要だったのである。北欧のパンテオンにはそうした神々が勢ぞろいしているが、神々の役割の果たし方となるとそう単純ではない。

古代ギリシア・ローマの宗教と同様に、北欧神話の神々も卓越した存在となるためにその地位にいた者を

倒している。北欧神話では、それが巨人族（複数形はヨトナー）となるが、あまり言葉どおりに「巨大な種族」と受け取るべきではない。むしろ「大食漢」と訳すほうが適当だろう。体が大きいと描写される巨人もいるが、ほかの巨人は神どころか、人間ともほぼ変わらない大きさのようなのだ。肝心なのは神のような力はあるが、神ではないことだ。そういった意味では、巨人族はギリシア神話の巨人、タイタンと似たところがある。実際、ほかの神話やフィクションに、神ではなく奇怪な姿で登場するさまざまな巨人との混同を避けるためにも、「ヨトナー」を「巨人」とせずに「タイタン」と同じ扱いにすることは有用なのである。

　北欧の神々もギリシアの神々と同様に、祖先である巨人族を倒して宇宙の支配者となるが、その後も安泰だったわけではない。陰謀を企んだ巨人族が、神々に向かって進撃して共倒れになり、神々の時代を終わらせるのだ。それでも、時折神に嫁ぐ女巨人もいた。とはいっても北欧の神々は逆に、女神を巨人の妻にしてよいとはつゆほども思わなかったが。

　ギリシアとローマの神々は、ともすれば北欧の神々よりはるかに冷淡だった。ローマの神々もそうだがギリシアの神々はとくに、個々の人間にたびたびちょっかいを出してはひどい目に遭わせ

❖下——木や石に彫られたものから、ノース人自身が記録した北欧神話をわずかながらも垣間見ることができる。残念ながらこうした現存する彫刻を簡明に解釈する手引はなく、後世の史料を元に推測しなければならない。

ていた。人間の女に産ませた半神半人の子はかなりの
数にのぼるようだ。しかもその後、そうした子供をほ
かの神をやりこめる駒に使ったり、半神の子供に嫉妬
して破滅に追いやったりしている。早い話が、ギリシ
アとローマの神々は人間にとってあまり好ましい味方
ではなかったのだ。

　北欧の神々と人間の関係は違った。平均的なノース
人にとって、神々は遠戚のようなもので、もちろん力
はあるが、思いをうち明ければ近寄ってくれた。神は
怒りを鎮めるより取引すべき相手で、神々に脅しめい
たことをしたノース人の話も知られている。助けを求
めたりもしただろうが、神と深刻な仲違いもしていた。
敬意の形は宗教の数だけある。そう考えるとこれも不
敬にはあたらない。神々は力をもっていたが、神どう
し、あるいは人間との関係は一方通行ではなく、人間
は公平な扱いを望む権利をもっていた。少なくともそ
うしてくれなかった場合に、神に腹を立てる権利を有
していたのだ。

　同様に、北欧の神々はほかのパンテオンの神々より
性格的に複雑な傾向がある。たとえばオーディンは、
神々の賢い首領であり、強靱な戦士でもあった。いず
れも古代社会の男性の伝統的役割だ。ところがオー
ディンは魔法を操ったが、これは北欧社会では女々し
いことと思われていた。魔法は、ふつう女性か鬼女の
ような存在が使うもので、誇り高い英雄や雄々しい人
物にはそぐわない。ところが主神オーディンは、男ら
しさではまちがいなく全ての神々の頂点に立つのに、
魔法を使うのである。

　北欧の神々はこのように複雑だったかもしれないが、

❖ユグドラシルとつながる世界

北欧の宗教にもほかの多くの神話と同じく、いくつかの「世界」があった。大部分の宗教には死者の世界があり、それがさらに善人と悪人、そしてそのいずれでもない者が行く場所に分かれている。さらには神の国と人間の国もある。ところが北欧の宗教の世界観はそれよりはるかに複雑だ。世界は複数あり、それが世界樹ユグドラシルを通じてつながっている。たとえば神族の国、巨人族のグループごとに分かれた国、さらには人間の国、死者が向かうであろういくつかの場所のほか、エルフとドワーフという、力のある存在が属するそれぞれの国もあったのだ。

ひとつだけ例外的に芯となるものをもっていた。自分なりの意図をもち、必要とあらば他を顧みずに追求することだ。おかげでほかの神と軋轢を生じ、時たま人間の崇拝者をがっかりさせたりもするが、そこには必ず理由がある。北欧世界の神々は、面白がって人間をもてあそんだりはしない。ギリシアとローマの神々が時に人間をひどい目に遭わせて愉悦に浸り、何をしてくるかわからないところがあるのに対して、北欧の神々は誠実で信頼できる。これは必ずしもよいとはかぎらない。絶対に態度を変えない者を敵にまわすのは明らかに危険だからだ。それでもそのおかげで、ノース人は神々とどのような関係にあるのかを理解していた。

北欧の宗教の中で唯一性格を変えた神は、そう、予想にたがわず悪巧みの神、ロキだった。はじめロキは気まぐれで、どちらかというとはた迷惑な存在だったが、それでも価値ある目的を達成し、ある種の問題にかけてはただひとり対処できたこともあった。そうした性格でもあったので、ほかの神なら単にやれないような策略を用い、そのために問題が生じると、少なく

ともその解決だけはしていた。だが悪ふざけはやがて悪質になり、手はくださずとも結果的にバルドルを殺害したために、その後壮絶な罰を受けるはめになる。バルドルはだれよりも愛された神だった。この罰のために、ロキは一転して神々の情け容赦ない敵になる。ラグナロクの日に、巨人族を率いて神々と戦ったのはロキだった。それでもロキの主な関心はほかの神に一杯食わせることにあった。いやむしろ、人間に手を出すためには忙しすぎたのだ。

　北欧の宗教とアングロ＝サクソン人の宗教が酷似しているのは、主に起源が同じだからだ。アングロ＝サクソン人をはじめとするゲルマン人は、もともとノース人の目と鼻の先に居住していた。そのためヨーロッパを揺るがす出来事とその後の征服のために離散してからも、同じ神々を崇めたのである。言葉の違いやさまざまな文化的影響のために、アングロ＝サクソン人は神々にノース人の神々とは異なる名前をつけたが、基本的に同じ神である。アングロ＝サクソンのウォドンはオーディンのことだし、その妻のフリエはフリッグ、息子のシューナーはトールだ。

　それとは対照的に、北欧の宗教とキリスト教は大きく違っていた。何より目立つ違いは、キリスト教にパンテオンがないことだ。唯一神が全能ぶりを発揮し、その反対者である敵役の神は身の程知らずの天使である。無論それでも類似点はいくらかある。オーディンは槍でみずからを突いて木から吊りさがり、また片目を犠牲にして叡智を得ようとした。かたやキリストは、同じような自己犠牲によって世界を救っている。キリスト教の神は、危険を冒して世界をめぐり冒険をする

ようなことはめったにしない。それでもあえて、人間のヤコブとは組打ちをしている。

　もうひとつ、キリスト教とノース人の宗教には重要な違いがある。どちらもなんらかの形で世界の終末を予言しているが、勇敢なノース人はその最終戦争に参加するチャンスを与えられているのだ。これを生きのびた者は、その後訪れる素晴らしい新世界で居場所を獲得する。少なくともある者にとって来世は旅の終着点ではなく、ラグナロクが起こるまでの準備期間とな

❖左──北欧神話の巨人族は、この絵とは違い、必ずしも体が巨大だったわけではない。絵の手前の羽根兜の神はトールだが、巨人の多くがその背丈を超えていなかった。

る。ラグナロクがあれば、その後の新世界で安住の地を得られるかもしれないからだ。

　こうした違いもノース人がキリスト教に改宗する妨げにはならなかった。とはいえ初めのうちは、多くの者がキリスト教の神をほかの神々と一緒に信仰していたのだが。ペンダントを成型する鋳型が残っている。好みによって、キリスト教の十字架ともオーディンの槌ともとれる形だ。さもありなん、である。すでに多くの神々の存在を認めているなら、神がひとり増えても一神教の信者ほど抵抗を覚えにくい。ノース人の初期のキリスト教徒は、新しい神にも古い神々に対するような態度を示していたのではないだろうか。助けてくれないことに不満をいだくと、天に向かって脅しや呪いの言葉を吐いたのだ。それでも、時とともにキリスト教の慣習がノース人の古い慣習を押しのけたので、昔の神々は神ではなく、民族の英雄としての性格を帯びるようになったのである。

❖北欧神話の神々とは？

　北欧神話には2種類の神がいた。自然と豊穣の化身であるヴァン神族と、戦いと武徳を表徴するアース神族だ。アングロ＝サクソン人の神話ではこれらがウェンとエーズとなり、この2神族が同じく巨人族のエティン（北欧神話ではヨトゥン）と戦う。現代のファンタジーの多くが影響を受けているのは、ゲルマン・北欧神話といってもアングロ＝サクソン版のほうだ。とりわけJ・R・R・トールキンは、著作で絶大な影響をおよぼしたので、しばしば「現代ファンタジーの父」と呼ばれる。トールキンはまた、アングロ＝サクソン人の英雄伝説の独自研究をしており、代表的な研究がベーオウルフのサガだったために、彼がおよぼした影響にはそうした要素も含まれていた。現代ファンタジーの「標準バージョン」のエルフやドワーフといった存在は、ほぼトールキンの手を経て生まれている。

第1章

天地創造と宇宙論

「わたしたちはどうしてここにいるのだろう」というのは、
人間がいだく根源的な疑問だ。北欧神話はそれにくわえて
多くの疑問に答えを出しながら、神々と人間の冒険物語の土台を作っている。

北欧神話の宇宙論はほかの多くの神話とくらべると複雑で、大きな宇宙を構成するいくつもの世界がすべて互いにつながっている。それぞれの世界には独特な特徴があり、風変わりな住民が存在していることもある。

宇宙の創造

世界が存在する前は、ふたつの国が大きな淵で隔てられていた。ムスペルヘイムは火の国、ニヴルヘイムは氷と冷たい霧の国である。そのあいだにあるギンヌンガガプという裂け目は、かつては何もなかったが魔力で満たされていた。ギンヌンガガプにはあらゆるものの可能性が存在していたが、ここが破壊されると世界も崩壊する場所でもあった。

❖前ページ──北欧神話は不思議な生き物や神、強力な精霊にあふれている。ノルン3姉妹はウルズの泉から汲んだ水を大樹ユグドラシルに与えて世話をしていた。この泉の水のおかげで3姉妹は人間の運命を見抜き、力をおよぼすことができた。

ムスペルヘイムはギンヌンガガプの南側にあり、火の巨人スルトに支配されていた。このスルトが最初に出現した時期や場所は、神話文献に明記されていない。ただムスペルヘイムの主であるといわれているだけだ。いずれにせよ、ムスペルヘイムの火は溶岩となって北に流れだし、ギンヌンガガプに注ぎこんでいた。

その北側にあるニヴルヘイムには、宇宙のあらゆる冷たい川の水源、フウェルゲルミルの泉がある。エーリヴァーガル（氷の波）もここから南に流れて、ギンヌンガガプに注いでいた。この氷河は『散文のエッダ』に、「毒泡」が凍ってできていると書かれている（引用は『北欧神話』、菅原邦城訳、東京書籍）。この氷がじわりじわりと移動してギンヌンガガプに達したとき、ムスペルヘイムから吹いてくる熱風のために溶けおち、その雫からやがてユミルという巨人が誕生した。

ユミルは両性具有と説明されることもあるが、この

❖下──原巨人ユミル。魔力を帯びた裂け目、ギンヌンガガプで氷と火がぶつかって誕生した。巨人族ヨトゥンの始祖。また基本的にその体を材料に世界は創造されている。ただし実際にその創造をしたのはほかの者だった。

言葉は身体構造ではなく神秘的な意味合いで使われている。ただ、ほかのだれの助けも借りずに命を生みだせたのは確かだ。ユミルが脇の下に汗をかくと巨人族（ヨトゥン）がふたり、そして左右の脚（足）を交差させると3人目が生まれた。この男ふたり女ひとりの巨人族が、最初の霜の巨人（フリームスルス）となっている。

　ニヴルヘイムの氷が溶けた中からは、牝牛のアウズフムラも誕生している。この牝牛は自分では塩辛い氷を舐めて乳を出し、ユミルを養っていた。またそうして舐めていた氷から、別の生命も出現した。このブーリという男は、巨人でも牛でもなく、アース神族の始祖となっている。ブーリから生まれた息子ボルが妻にしたのは、ユミルの娘の巨人ベストラだった。

　ボルとベストラの長子はオーディンと名づけられた。つまり、オーディンはアース神と巨人のハーフなのだ。オーディンのあとにはヴィリとヴェーというふたりの弟が生まれている。その一方で、ユミルは巨人族を増やしつづけたので、オーディンは危機感をつのらせ、ユミルを殺害して巨人の増加をくい止めようとした。

　ユミルが寝入るのを待って、アース神の3兄弟は襲いかかった。熾烈な格闘のためにユミルが流したおび

✤上──魔牛アウズフムラ。ユミルとその子供にとってはアウズフムラの乳が全ての栄養源だった。この牛は氷の国ニヴルヘイムから流れてきた塩辛い氷の塩を舐めて生きていた。最初のアース神族ブーリは、舐めていた氷の中から姿を現している。ユミルとアウズフムラは、ブーリの子孫のために死を迎えている。

ただしい血は洪水となり、巨人族はふたりを除いて全員が溺れ死んだ。ベルゲルミルと妻は、とっさに舟代わりにしたもので漂流して難を逃れている。この乗り物が厳密になんであったかについては諸説がある。ベルゲルミルと妻は剖り丸太をカヌーにしたのかもしれない。ほかの話では、櫃または箱を舟代わりにしたとも伝えられている。そして巨人夫婦はニヴルヘイムへと逃れ、ここで新たな霜の巨人族の祖となった。牝牛のアウズフムラもこの戦いの犠牲になった。ギンヌンガガプの淵まで押し流されて奈落に落ち、それきりになったのだ。

オーディン兄弟は首尾よく霜の巨人をほぼ壊滅に追いやり、またそれ以上に重要なことに、原巨人ユミルを倒した。兄弟はそのユミルの体から宇宙全体を形成している。頭蓋骨から天空を作り、脳みそを雲にしてそこに浮かばせた。またムスペルヘイムの火花も放り投げて星をちりばめた。

ユミルの肉で大地を作り、骨を山々に、髪の毛を草木にしてそこに置いた。ユミルの汗を集めて海にした

❖ミズガルズの創造

人間が住む国となるミズガルズ。神々はここをユミルの眉毛もしくはまつ毛から作っている。ミズガルズは、世界で唯一人間の知覚で完璧にとらえられる領域にあり、その点において全宇宙の中でも特異的だった。ほかの世界も必ず人間の国となんらかの形で接してはいたが、ほとんどの部分は生きている人間の目には見えない。ミズガルズの周囲には柵がめぐらされ、巨人族などの脅威を寄せつけない。またそれが巨人の国との境界になっていた。この柵をユミルの眉毛からできているとしていて、ミズガルズ自体の材料に触れていない物語もある。かといえば、おそらくは柵を含む国全体が、ユミルの眉毛からできているとしていると思われる話もある。

が、異説では血が海になっている。ユミルの死体から
わいた虫（もしくはウジ）はいわゆるドワーフ（ドヴェルグ）
になった。そのうちの4人に天空が落ちてこないよう
支えるよう命じ、配置した世界の方角にちなんで、ノ
ルズリ（北）、スズリ（南）、アウストリ（東）、ヴェストリ
（西）と名づけた。ドワーフになったほかの者は、その
後ニダヴェリールという地下の国に住まわせた。

　太陽と月が天に出現したのは、アース神族がある人
間の男の傲慢さに腹を立てたからだ。男はふたりの子
供の輝くばかりの美しさを讃えて、神の創造物である
ソール（太陽）とマーニ（月）の名をつけた。神々はそう
した不遜さを罰するために、子供を父親から引き離し
て天に追いやり、馬車で太陽と月を引かせた。女巨人
のノート（夜）と息子のダグ（昼）も天に送り、それぞ
れの馬車で世界をまわらせている。太陽と月は2頭の

✿上──ソール（太陽）と
マーニ（月）。人間の父親が
傲慢だったために、罰と
して馬車で永遠に世界をまわ
らせられていた。世界の終
末の日には、あとを追う狼
に追いつかれる運命にある。

狼に追われている。スコルとハティ・フローズヴィトニスソンは、狼といっても母親は巨人で、太陽と月を追いかけるよう運命づけられている。だがついにラグナロクの日が訪れると、獲物に追いついて呑みこむのだ。

世界樹ユグドラシル

オーディン兄弟の働きで、9つの世界が創造された。それをすべてつなげていたのが世界樹のユグドラシルだ。

トネリコの大樹ユグドラシルは全世界の中心に立っており、その全てと接していたが、人間には見えず存在を感じとることもできない。根はそれぞれ別の世界であるアースガルズ、ヨトゥンヘイム、ニヴルヘイムへと伸びており、どの根の近くにも泉があった。こうした「泉」は井戸と呼ばれたりもする。

北欧神話の世界は、ユミルの殺害とその死体の解体という凄まじい創造の行為から始まった。

が、いずれにせよ水源であり、必ずしも人の手で造られた井戸を意味するのではない。

ユグドラシルは宇宙を構成すると同時に9つの世界をつないでもいるので、その住人は世界を行き来できる。現にオーディンは愛馬スレイプニルを駆って幹を移動していた。ユグドラシルは永遠に枯れることなく、ラグナロクをも生きのびた。その時ふたりだけ残った人間は、ユグドラシルに避難して世界の破滅から守られ、その後の新世界に現れてふたたび住み処を見出している。

アースガルズに伸びる根のそばには、運命の泉または宿命の泉と呼ばれるウルズの泉がある。この泉は大

いなる力と知識の源であり、オーディンはこの水を凝視してルーンをわがものにしている。ウルズの泉の水はまたユグドラシルに滋養を与え、その木の葉からしたたる露が逆に泉の水になっている。神々はこの泉のほとりで合議をしていた。運命の女神ノルンの3人もまたこの泉を利用している。

このノルンは3姉妹の女神で、多くの点でギリシア神話の運命の3女神と似て

いる。ただ、ギリシアの運命の女神と同じように生きとし生けるものの運命を司りはするが、その予言は不変ではない。ノルンは一人ひとりの運命をユグドラシルの幹に刻んでいたが、人間には運命をある程度変える能力があった。本人の行動いかんで彫られた文字が書きなおされることもありえたのだ。

ウルズの泉から汲まれた水がユグドラシルの根にふりかけられ、世界樹の葉からしたたる滴となって泉の水に戻る、という水の循環は、運命を定める力とむすびついていた。水は泉（過去）からユグドラシル（現在）に

❖上──北欧神話のいくつもある世界と、それらをむすぶ大樹ユグドラシルを図案化しようとする試みは数多く行なわれてきた。この絵にはアースガルズとミズガルズの架け橋となるビヴロストも描かれている。

向かい、また泉に戻る。ただしノルン3姉妹が生まれた子供の可能性の範囲を定めてルーン文字に刻んでいるので、たとえどんなに力のある者でも、その範囲を超えて運命を変えることはできない。つまりギリシア神話で運命は「運命の3女神」によって厳格に定められているが、北欧神話では基本的にノルンがカードを配り、当人に出し方を決めさせているのである。

第2の根が達しているヨトゥンヘイムは、昔ギンヌンガガプがあった場所だ。その近くにあるミーミルの泉の水には、偉大なる知恵と知識が秘められている。オーディンはここで知識を得ている。ただし、泉の番人のミーミルは、オーディンが片目を供物として泉に沈めなければ、その水を飲むのを許そうとしなかった。

ミーミルはアース神で、類まれなる叡智のもち主であることで知られていた。この神はその叡智を、ギャラルホルンという角杯で泉の水を飲んで得ている。アース神のヘイムダルは同じ名前の角笛を吹いて巨人族の接近とラグナロクの始まりを告げるが、それが同じギャラルホルンかどうかは定かでない。ヴァン神族とアース神族とのあいだで争いが起こったときには、

✤右──ノルン3姉妹は、運命や宿命とかかわりの深い超自然的な存在だが、人の人生を完全に定めたわけではない。むしろ、その人間が活用できる可能性の範囲を管理して、ある程度人間に自分の運命を動かす余地を与えていたのだ。

ミーミルの首が敵に切り落とされて、オーディンのもとに運ばれた。するとオーディンは魔法でその生命を保ちつづけた。以来ミーミルの首は、オーディンに秘密を明かし助言を与えている。

第3の根はニヴルヘイムに伸び、そのそばにはフウェルゲルミルの泉があった。ここを水源に何本かの川が流れているが、牡鹿エイクスュルニルの角から滴が落ちてくるために泉は干上がらない。エイクスュルニルはオーディンの館（ヴァルホルの館。戦いに斃れた英雄が召される）の屋根にいて、ユグドラシルの葉を食べている。フウェルゲルミルの泉には魔力といえるものはないようだが、どんな言葉でもひと言では表現できないほど多くの蛇がうようよしている。そのすぐそばには竜のニーズホッグ（ニーズヘッグ）がいて、ユグドラシルの根と死体をかじっていた。

✤上──ユグドラシルと巨狼フェンリル。オーディンはラグナロクの最終戦でこの狼に呑まれて最期を遂げる。この絵にはユグドラシルの枝にいるさまざまな生き物も描かれている。

9つの世界

北欧神話に9つの世界があることは広く受けいれられているが、実際はそう単純ではない。たしかに9つの世界があると明確に述べられているし、暗示的な表現からも住む者にもとづく9つの世界があったことは推測できる。7つの世界はそれぞれ特定の種族のもの、あるいは住み処であると説明されている。そこに火の国ムスペルヘイムと氷の国ニヴルヘイムがくわわって

❖上──装飾性の高い馬勒
の金具。飛竜のパターン化
したイメージがかたどられ
ている。装飾品のモチーフ
にはよく、想像上の生き物
が使われていた。

9つの世界となっている。

　エッダには、女神のヘルがこの9つの世
界の支配者であると記されている。ヘルは死者だけで
なくあまねく死すべきものを引き受けていたので、そ
の権威が、宇宙全体で滅びる運命にある万人万物にお
よんだという意味合いが強いようだ。したがってこの
論からすると、当然9つの世界が宇宙を構成すること
になる。

　大きく分けて9つの国（世界）があるのは、まちがいな
いといってよいようだ。ところがそうした国のいくつ
かにはまるで性質の異なる地域がある。たとえば女神

❖ユグドラシルの生き物

　ユグドラシルには竜のニーズホッグにく
わえて、ほかの生き物も住みついていた。
なかでもユグドラシルのてっぺんを住み処
にしていたのが鷲だった。かたや竜は、見
方によっては、ユグドラシルの根に押さえ
つけられて動けなくなっていたとも考えら
れる。鷲と竜がひどく仲が悪かったのは、
まったく違う境遇にあったためだけではな
い。この木にはラタトスクというリスもい
て、この両者に互いの悪口をせっせと吹き

こんでいたのだ。そのため侮辱が侮辱を呼
ぶ言葉が、ユグドラシルの幹を行き交うこ
とになった。つまり、9つの世界の上から
下まで全てである。おかげで鷲と竜は、お
互いに永遠に消えない憎悪をいだくように
なった。ラタトスクはどうやら、ただ面白
がってそんなことをしていたようだ。ユグ
ドラシルの枝には4頭の牡鹿もおり、その
葉を食べていた。

ヘルの国は、氷の国ニヴルヘイムの中にあるとされることも、それとはまったく別の場所であるように受け取れることもある。この点については一部の神話文献に混乱があるが、たとえヘルの国がニヴルヘイム内にあっても、ニヴルヘイム自体はヘルの国ではない。ヘルの領土は高い壁に囲まれているので、ニヴルヘイムの他地域とは隔てられているのだ。ほかの世界にも、神や巨人族の統べる領域がその世界全体であるかのように誤解されている例がある。

このように国の中に領土があったりして相当ややこしくなっているところに、それぞれの世界どうしの関係がまた理解しにくいと来ている。矛盾している史料がたまにあるために、9つの世界の関係を説明しようとさまざまな試みがなされてきた。ところがそのどれひとつとして一致していない。アース神族と関連するいくつかの場所が本当は別の国にあったというのだから、事はますますもってこじれてくる。

9つの世界は、3世界ずつ3層に整然と配置されていたという話がある。その際は「神」の国が最上層、「人間」の国が中間層、

❖下──この宇宙の絵で人間の国ミズガルズは城壁に守られ、周囲を大洋に囲まれている。この海には大蛇ヨルムンガンドがいる。ヨルムンガンドは、この世界の大陸に体を巻きつけて自分の尾をくわえられるほど巨大だった。

「冥府」が最下層にある。画家は、ユグドラシルの大いなる3本の根という概念を絵にするのに苦心してきた。というのも普通の木の根は下にあるのに、ユグドラシルの根の1本はアースガルズに、もう1本は人間の国に、そして最後の1本は冥府に届いているからだ。また画家のあいだでは、冥府を世界樹の3本の根の上にすべきか下にすべきか、さらには神の国を木の上、下、あるいは枝に巣籠もるように描くべきかで結論が分かれている。

　その主たる問題は、画家が抽象概念を言葉どおりに再現しようとするところにある。ユグドラシルは人知を超えた次元に存在している。物理的に宇宙規模の木として世界の中心で育っているのではない。世界の「中心」にあるといわれることはあるが、神秘的な意味での「心臓」と解釈するほうが適切だろう。ユグドラシルはあらゆるものに接している。現実の枠組みを作り、世界間の移動の手段となるだけでなく、ウルズの泉の水が万物に作用し、その運命に影響する仲立ちをしている。本物の木に見えるものとして描こうとするより、全世界をつなぐ「目に見えない宇宙の枠組み」ととらえるほうがすっきりするだろう。

　9つの世界には全てに共通する重要概念がある。「インナンガルズ」(innangard)とそれと対極の「ウータンガルズ」(utangard)だ。インナンガルズは「柵の中」「囲いの中」と翻訳できる。この囲いは現実のものでも概念的なものでもある。インナンガルズの場所は、自然と人間の信頼できる法によって支配されていた。ウータンガルズの場所は、それほど法に忠実ではない。

　ごく日常的なレベルでいうと、ノース人の在所、つ

まり村の周辺はインナンガルズだった。本物の柵の有無はともかく、従うべき法はあった。こうした場所の近くではたいてい安全な生活を送れた。法を執行したり野獣を追い払ったりする兵力があったのだ。そこから離れて物理的・精神的な「囲い」を越えると、土地は荒涼とさまざまな危険をはらんでくる。危険とは、法が執行される居留地を避けて暮らす無法者、野生動物、そして逃げ隠れできないであろう寒さなどの日常的な脅威だ。インナンガルズの場所をあえて出ようとする者には、必ずこうした現実的な危険がふりかかる。

　インナンガルズとウータンガルズの概念は、ノース人の物の考え方の核心を貫いていた。農民が作物の種蒔きをしたいと思うのはインナンガルズだし、家畜の群れを放牧するのもインナンガルズだ。危険が潜んでいそうな野生の森はウータンガルズになる。ただし、ウータンガルズも一概に悪い場所とはいえない。文明の届かない荒れ野で力を獲得できることもあるのだ。そのため多くの物語で神々は、荒れ野や危険な場所で知恵を見出そうとする。またもちろん、全ての生命の究極の源であるギンヌンガガプ以上にウータンガルズである場所はない。

　法と行動に対する考え方には、こうした概念の影響があった。たとえば人を奴隷にすることも、女子供に危害をくわえることも禁じられていたが、それはノース人の国の中だけである。襲撃を目的とする遠征では、略奪や破壊行為、奴隷の獲得は当たり前のように行なわれていた。つまり自国はインナンガルズなので法が適用されるが、ウータンガルズの場所では無法行為も容認されたのだ。

神々の態度もそれと符号している。法や飼いならさ
れた土地という安全な囲いからあえてウータンガルズ
に飛びだした者は、交易や略奪によって富を得られた
が、その道筋では危険な目に遭っていた。人間も神も
時にはインナンガルズを守るために、ウータンガルズ
で脅威をうち負かさなければならない。それどころか、
安全で法に守られた場所は、四六時中守る必要があっ
た。なぜならウータンガルズのほうが自然な状態で、
これを押しかえさないと、インナンガルズの世界に
混沌(カオス)が忍びこむからだ。

　9つの世界の大半が「ヘイム」(「ホーム」の意)が語尾に
つく名前だったのは、注目に値する。例外はアースガ
ルズとミズガルズだけだ。アースガルズは防壁に閉ざ
されアース神族に支配されている。この国ほどインナ

ンガルズな場所はない。人間の国ミズガルズは、オーディン兄弟が設けた柵に守られ、多くの点でアースガルズを反映している。ミズガルズは人間が生きていく分には（比較的）安全な場所だ。予測可能な自然の法則に従っており、柵の外の野生の環境とは隔てられている。ほかの国は、人間にとっては荒々しすぎて恐怖の場所となるおそれがある。多くの場合人間は、神の加護がなければ、そうした場所では生存することすら危うかったのだ。

　巨人の国はヨトゥンヘイムとして知られていたが、ウートガルズと呼ばれることもある。ウータンガルズの概念を具体的な形にしたのがこの国だ。荒々しく、予測不能で危険に満ちてはいるが、力と知恵を得るのにふさわしい強さがある者なら、そのチャンスを見出

❖左──最初に誕生した4人のドワーフの姿が墓石に彫られている。このドワーフは神に命じられて世界の四隅に立って天空をもちあげていた。世界創造の一場面、あるいはその後の宇宙を描いたのかもしれない。

せる場所でもある。巨人族自体もウータンガルズだ。荒くれ者で無秩序で、神の掟には従わない。

　神話文献に矛盾があるために、9つの世界の中には世界と考えてよい9つ以上の候補がある。なかには違う世界のように見えて、その実は同じ場所が異なる名称で呼ばれている場合もある。では、そうした中でも代表的とされる世界をあげてみよう。

アースガルズの国

アース神族が住んでいるアースガルズは一般的に、人間界のミズガルズの上にあるように描かれており、このふたつの世界は虹の橋ビヴロストでつながっている。

> 神々は荒地で力と知恵を探求したが、休息するときは城壁で囲われた安全なアースガルズに戻っていた。

アースガルズは森と川に覆われ、そこにはごく普通の動物も不思議な生き物も生息していた。アース神族がいる大きな都市は、こうした森に囲まれている。ここにはオーディンと妻フリッグの宮殿だけでなく、ほかの神々の住まいもある。金銀の尖塔がそびえ立つところ、そこがアース神族の都市だ。

　またアースガルズにはヴァルホルの館もある。ここでは勇敢な戦士がラグナロクの戦いに招集されるのを待っていた。ヴァルホルは不思議な場所だ。屋根には牝山羊ヘイズルーンがいて、その蜜酒の乳が際限なくふるまわれる。世界樹ユグドラシルの葉が屋根に届いており、牝山羊がその葉を食みながら乳房から蜜酒をしたたらせるので、下に大桶を置いて溜めているのだ。ヴァルホルの館にはセーフリームニルという巨大豚の魔獣もいて、いくら肉を取ってもよみがえってくる。

　エッダの解釈から、アースガルズは実は地上にあり、

ある時期には紛れもなくトロイアの都市として存在していたとする説がある。だとしても、神々が合議をするウルズの泉は天上にあり、この泉に行くためにはビヴロストの橋を渡ったのだ。

ヴァナヘイムの国

ヴァン神族が暮らす国。ヴァン神族はアース神族より豊穣や自然とのかかわりが深い。ヴァナヘイムがアースガルズの西側に位置するとしている史料もあるが、一般的にはユグドラシルの上部の枝またはその上にある「天上」の国のひ

とつとされている。現存する神話文献からヴァナヘイムについてわかることは比較的少ないものの、細部を推察する余地はある。

　ヴァナヘイムもアースガルズと同じく、光と美しさに満ちあふれた国だった。森と川には普通の動物も不思議な生き物も豊富に生息している。都会化が進んでおらず自然状態に近いという意味で、どうやらアースガルズより「野生的」だったようである。自然界と調和した生き方をしていない者にとっては、相当危険な場所ですらあったかもしれないが、ヴァン神族はこのような環境の一部となって、楽しきわが家としていたのだろう。ヴァナヘイムはアースガルズとは違い、城壁

❖上──牝山羊のヘイズルーンがヴァルホルの館の屋根の上で、レーラズの木の葉を食べている。レーラズはユグドラシルの別名だろう。ヘイズルーンの乳から出る蜜酒が、ヴァルホルの戦士にふるまわれた。

をめぐらし要塞化することはなかったようだ。

アールヴヘイムの国

一般的に人間界の上にあると説明されている第3の「天上」の国。ここには光のエルフが住んでいる。エルフは強大な下級の神ともいえる存在で、自然と豊穣を司っていた。アールヴヘイムはアースガルズと隣り合わせているので、わりと気楽に行き来できた。ヴァナヘイムと同じく、野生の森と動物の土地だったので、この世界の者でなければ危険な目に遭ったと思われる。

　アールヴヘイムの支配者は、ヴァン神のフレイだった。このことから光のエルフとヴァン神族の深いかかわりがうかがえるが、それが正確にどのようなものであるかは、原典では明らかにされていない。

ミズガルズの国

人間界であり、人間の知覚で完全にとらえられる唯一の国。海に囲まれており、エッダではこの海を渡るのは不可能とされている。この大洋には大蛇のヨルムンガンドが生息している。この蛇は、ミズガルズの大陸にぐるりと体を巻きつけられるほど巨大だった。ミズガルズはまた、巨人ユミルの眉毛かまつ毛を材料にした頑丈な柵で囲まれていた。おかげで巨人族を寄せつけなかったので、この国はアースガルズと同様インナンガルズに保たれている。

　ミズガルズは、アースガルズとはユグドラシルを介してつながっていた。また神々の国に直結する通路、虹の橋ビヴロストもあった。ミズガルズは神々の掟に従っていたが、それなりに危険でもある。ただし、そ

れはありふれた類で、少なくとも人間に絶対克服でき
ないものではない。そんな状況が変わったのは、ラグ
ナロクが訪れ、神々が巨人族との決戦のためにヴィー
グリーズの広野に集結したときだ。ミズガルズはこの
時滅び、ここにあったほぼ全てがこの世からなくなっ
た。

ヨトゥンヘイムの国

ミズガルズと同じ「中間層の世界」。イフィング川
の南岸にあったとも記されている。その川向こう
がアースガルズだった。ヨトゥンヘイムは不毛で
寒冷な土地で、ウータンガルズの典型例ととらえ
られる。つまり「法のおよばない」「囲いの外」、
いい換えれば、普通の人間の基準からすると、
安全で良識的な世界から外れているというこ
とだ。ヨトゥンヘイムはウートガルズと呼ば
れたりするが、ウートガルズは氷をくり抜い
て築かれた首都の名前でもある。

　巨人族はたいてい神々と敵対しているが、
時たま平和的、もしくは少なくとも衝突のな
い交流もしていた。女巨人を妻にめとった
神も少なくない。また神々も折に触れて、
財宝や叡智を求めてヨトゥンヘイムを旅し
ている。ユグドラシルの根の1本はヨトゥン
ヘイムまで入りこんでおり、ミーミルの泉がそ
の近くにあった。ミーミルはこの泉の番人で、その姿
が付近で目撃されていた。神も巨人族の国で暮らせた
ということだろう。

✤上──フレイはヴァン神
だったが、神々を二分した
戦争の末にアース神族にく
わわった。豊かな実りをも
たらす豊穣神で人気があり、
「きらう者はだれもいな
かった」と説明されている。

ムスペルヘイムの国

世界の南の果てにある。この火の国を支配しているのは、スルトの一族、炎の巨人エルドヨトゥンだ。ムスペルヘイムには炎の悪魔も住んでいる。天地創造の物語から、この国ではつねに火花が飛び散っていたであろうことは想像できる。溶岩の川はおそらくここから流出したのだろう。ただしこの国について、これ以上詳しいことは伝えられていない。

ニヴルヘイムの国

世界の北の果てにある凍りついた国。9つの世界の中で最初に創造された。3つの泉の中で最古のフウェルゲルミルの泉はここにあり、世界の冷たい水はすべてここを水源としていた。この国にもユグドラシルの根が1本伸びており、それを竜のニーズホッグがかじっている。ニーズホッグは死者をも苛み、その屍を喰らい血をすする。ニヴルヘイムでは霜の巨人とニヴルンガルという種族[ドワーフから巨人まで諸説がある]が誕生している。リヒャルト・ワグナーはオペラ『ニーベルングの指環』の中で、ニヴルンガルを巨人のニーベルング族として登場させた。

ニダヴェリールの国

地下にあるドワーフ（ドヴェルグ）の国。ドワーフは優れた魔法の道具と武器を製造していた。ニダヴェリールの国には迷路のような坑道と地下の作業場がいたるところにある。ドワーフと闇のエルフの区別にいくぶん曖昧なところがあることから、ここはスヴァルトアー

ルヴヘイムと事実上同じ場所である可能性がある。

スヴァルトアールヴヘイムの国

もうひとつの地下の国。闇のエルフが住んでいた。この悪戯好きなエルフのせいで、悪夢を見るのだと広く信じられていた。地下に住みついていたのは、日の光に当たると石になってしまうからだ。

ヘルの国もしくはヘルヘイム

一部の史料から想像できるのは、女神ヘルの国はニヴルヘイムの中にあっても、ヘルがニヴルヘイム全体を統べたのではないということだ。ヘルの領土はニヴルヘル（ヘルヘイム）といい、壁でニヴルヘイムの他地域と隔てられていた。冷たい霧が立ちこめてはいたが、壁の外の地域ほど寒冷ではない。異説を伝える神話では、ヘルヘイムはニヴルヘイムとは違う国になり、そうした場合はたいてい地下にあったとされる。だが、そうなったのは後世の学者がキリスト教の影響を受けたためだろう。「ヘル」という言葉には「隠れた」「秘められた」という意味しかなく、「地獄」とは無関係だ。しかも実際に地下深くにあることを明示する記述はない。

ビヴロストの橋

アースガルズとミズガルズのあいだに架かっている。虹となって出現するだけあって、この名前には「震える」「はかない」橋というニュアンスがある。つまりいつかは消えてしまうということだ。北欧神話の異話では、神々は日中のほとんどの時間を地上で過ごし、毎日宵闇が迫る前にビヴロストを渡ってアースガルズに

帰ってくる。

　ビヴロストは人間の国にすぐ行ける近道にはなるが、アースガルズの防御にかんしては弱点になりえるので、常時警戒を要する。これを任されているのがヘイムダルだ。この神は、巨人族の橋への接近を、ほかの神々に知らせる役目を負っていた。ラグナロクの日には、角笛を吹き鳴らして神々を戦に招集したが、それでも巨人族のアースガルズ襲来を阻むことはできなかった。巨人がビヴロストを渡ったために、橋は崩れ落ちている。

ラグナロクと世界の再生

北欧神話では物事が巡り巡っており、そのような出来事の例が多く見られる。ウルズの泉の水がユグドラシルを育み、その葉の雫が泉に落ちるのもそのひとつだ。世界自体も永続できず、最終的には破壊されて再構築される必要があった。

　ラグナロクと世界の破滅の物語は、一見陰陰滅滅としている。戦いの末に世界は滅びる。神々も死ぬが、

何より悪いことに、予知していながらその運命を変えることができない。しかしながらラグナロクにはそれ以上の意味がある。ひとつには、世界の終末が時に「神々の黄昏」と呼ばれるように、神々の物語にふさわしい締めくくりになっていることだ。ノース人戦士は、戦場で名誉ある最期を迎えてヴァルホルで居場所を確保したいと願う。それと同じように、偉大なる軍神トールの物語を、よぼよぼになってからの病死で終わらせてはならないのだ。

そうとはならずに神々は、ウータンガルズの兵力に対して世界を守ろうとしながら、名誉ある最期を遂げる。この敵軍は、世界を人が住めない頃の無秩序な状態に戻すために進攻していた。トールは息絶えるが、それは大蛇ヨルムンガンドをかろうじてうち負かしてからだ。それでも苦しい息の中で、最大の勝利をあげたことと庇護する者に危害がおよんでいないことを確認している。ノース人の価値観からするとこれ以上の死に方はない。また、義理堅く誠実なヘイムダルは、裏切り者のロキと相討ちになる。主神オーディンは狼のフェンリルに食い殺されるが、すぐさま息子が敵を討つ。

北欧神話で語られる物語は壮大で、ラグナロクの戦いはそれにふさわしいフィナーレだ。神々は最後の最後まで自分らしさを貫いて（ロキは例外だったが、巨人だったのは終始変わらない）、自分たちが創造した世界を守るために戦い、命を散らせた。そしてそうした強い思いゆえに、何もかもがラグナロクで終わったのではなかったのだ。

火の巨人がアースガルズを火の海にして世界を破壊

し、怪物が狂ったように暴れまわってさらなる混沌と
破滅をもたらす。世界は崩壊して海に沈む。ユグドラ

❖新世界の創造

ほとんどの場合、ラグナロクは全てを終わらせる戦いであると考えられている。だが実をいうとそれは、世界を再生させるために必要な荒療治的な破壊行為だったのだ。原初にユミルを倒すことで世界が創造されたように、ラグナロクで害悪が一掃されなければ、まっさらで素晴らしい世界は出現しない。

ラグナロクは陰鬱で虚無的な「万物の終わり」とはほど遠く、希望と勇気の勝利、最後の試練と見ることができる。これで最後なのではない。生存者は現世より生きやすい世界で居場所を得る。たしかに犠牲はとてつもないものになる。だが、北欧神話のテーマはひとえに、物事を改善する機会と引き換えに戦い、恐ろしい危険に立ち向かい、大きな痛手を被ることにあったのだ。

シルにさえ火がまわった。だがその後、生き残った者が現れる。神も、ヴァルホルの人間の英雄もいた。戦いをくぐり抜けて生還したゆえに、新たに創造された世界で居場所を得た者だ。人間の最後の生き残りのふたりは、ユグドラシルに身を寄せて難を逃れていた。世界が海から隆起して再生したとき、ふたりはそこで生きる場所を見出すのである。

❖前ページ——トールは大蛇ヨルムンガンドと共倒れになる運命にある。それでも宿命の対決を座して待つのではなく、みずから求める選択をした。巨人ヒュミルの舟でヨルムンガンドを釣りあげようとしたが、結果的には失敗した。

第2章

神々

北欧神話は、ふたつの神族の神々が
ひとつのパンテオンを形成している点がユニークだ。
一部の学者は、それが競合するふたつの宗教の衝突を象徴していると考えている。
その背景にはおそらく、異なる集団が集まって原初の北欧社会を作ったこと、
あるいは新参者(とその宗教)がスカンディナビア半島の既存宗教に対して
勝利をあげたことがあったのだろう。

とはいえ、アース神族(戦いの神)とヴァン神族(自然と豊穣の神)の衝突には、それとは違った神話上の意味があるのかもしれない。というのもふたつの神族は一応対等な関係ではあるが、アース神族のほうが格上に見えるからだ。軍事色が強まる方向に社会が変化したことを示していることもありうる。

　古い信仰が棄てられたことを示唆する手がかりはほかにもある。光のエルフは、下級の神か強力な精霊とされることがある。ところがかつてはもっと力があり、神話の神族に(どうやら大した争いもなく)神の座を奪われ

✤前ページ——魔槍グングニルをもつオーディン。羽根兜はかなり後の時代の画家が好んだもの。ノース人を古代ギリシア・ローマ人と同じように美化して描こうとしている。

たふしがあるのだ。その一方で巨人族（ヨトゥン）は、誕生した当初から神々の敵だった。オーディンが真っ先にした行動は、ユミルの息の根を止めて巨人族の増加を阻むことだった。巨人族に宇宙を乗っ取られるのを恐れたのだ。それでもふたりの霜の巨人が生き残って種族を再生させた。火の巨人にはユミルが死んだ影響はおよんでいない。

　したがって北欧神話には、神族とされる2種類の神々にくわえて、どうやら力のある超自然的存在であるのに甘んじて、宇宙に大した影響力をおよぼしていない元の神々（エルフ）、神族の宿敵となった2種類の実質的な神々（火と霜の巨人）がいることになる。超自然的存在や神の子孫である怪物などもわんさと登場する。その多くが神か巨人、あるいはその両方の血を引いているのだ。

アース神族

2神族のうち、格上なのがアース神族だ。主に戦いと武徳を司る神で、北欧社会の上流階級の支配者を守る役割があったと解釈される。「アース」という言葉の起源は完全には解明されていないが、語源は原ゲルマン語にあり、自然の力または摂理という意味合いをもっていたようだ。アース男神はアース（Áss、複数形はÆsir）、アース女神はアーシニャ（Ásynja、複数形はÁsynjur）という。アース神族が住んでいるアースガルズは、ユグドラシルの木の天辺にある世界だと伝えられている。

　アース神族とヴァン神族の関係を「結婚」に見立てると、アース神族は夫の役割をしていたといえるだろう。伝統的な北欧社会では、女性は短髪や男の服装、そし

て何より武器の使用を禁じられていた。その一方で、女性に危害をくわえることはご法度だった。夫は商売の取引、集会での発言、必要に応じた戦闘行為を担った。こうした役割がアース神族の神々の特徴に、少なくともある程度は反映されていたのである。

オーディン

主神オーディンはアース神族の長であるために、全ての神の最高神となる。一癖も二癖もある性格で、世界の創造主と法の制定者のイメージには収まらず、むしろウータンガルズ的な特徴を多く見せている。神々の指導者であるのにもかかわらず、ややもすると探求のひとり旅にふらりと出てしまう。たいてい叡智を求めるため、あるいは自分自身の目標を推し進めるためだ。

ほかのゲルマン語族やアングロ゠サクソン人にはヴォータン、ウォドンとも呼ばれ、「Wednesday（水曜日）」の語源にもなった。妻はアース女神のフリッグで、そのあいだにバルドルとホズという息子がいる。それ以外にも、母親の違うトール、ヘイムダル、テュールなどの息子がいる。オーディンは全人類の父なる神でもある。巨人ユミルを倒したあとに最初の人間を作る仕事にかかったのは、このオーディンだった。

オーディンは屈強な戦士だったが、その一方で北欧神話では一般的に女々しいとされる魔法も使えた。また態度もコロコロ変えた。その気になればその場にいる者に優しく穏やかに接するが、虫の居所が悪かったり気に障ったりすると恐ろしい脅威になる。かなり一面的に高貴な賢王として描かれることが多いが、その実自分の目的にかなうなら、こずるく策謀をめぐらし

❖下──隻眼のオーディンの青銅小立像。ストックホルムの国立歴史博物館所蔵。

かねないところがある。この世に誕生して真っ先にしたのが、眠っている巨人ユミルの殺害だった。叡智を求めて、槍を体に突き刺したまま木から吊りさがった自己犠牲は、無私無欲の行為ではない。その後も貴重な知識を手に入れるために、片目を犠牲にしている。いずれも自分のために力を得ようとして、苦しみを選択しているのだ。

オーディンはインスピレーションと激情の神だった。王としての威厳より偉大さを執拗に追い求めている。そのため敬愛されるタイプではなく、恐れ敬われる神で、その他大勢の一般人のことなどはほとんど眼中になかった。尊重したのは際立つものをもつ者だった。

多くの偉大な戦士だけでなく、おかしなことかもしれないが、社会ののけ者や無法者まで厚遇している。神々の長でありながら、法を無視してその外で生きる者に手を差し伸べてもよいと思っている。いかにも気性の荒いオーディンらしい。重んじたのは異彩を放つ者だった。自分の目標を推し進めるためなら、あえて混沌の中に飛びこんだりもする。また世界の一部にウータンガルズがある必要性も理解していた。

オーディンはまた、詩の神でもあった。実際この神の言葉は詩で語られる。飲めば詩才が得られるという蜜酒を司っていたが、これ

❖下──オーディンがみずからを犠牲にしたのは、ほかの者のためではない。9日間、槍を突き刺したままユグドラシルの木からぶら下がったのは、自分の目的に近づくためだ。このような無情な神だったため、庶民のために割く時間はなかった。

は策を弄して巨人スットゥングから盗んだものだ。こ
の蜜酒をこれぞと思う者に分け与えたので、その眼鏡
にかなった者は詩人や学者になり、強力な説得力のあ
る言葉を操れるようになった。サガの英雄には何人か
詩作をする戦士がおり、オーディンこそが庇護者もし
くはインスピレーションの源であると主張している。

　オーディンは詩の中で、さまざまなテーマにかんす
る豊富な知恵を披露している。そのほとんどが満足で
きる人生を送るため、あるいは敵に命を奪われないた
めのアドバイスだ。いきおい、オーディンが忠告する
内容は幅広くなる。友達の獲得の仕方や女の口説き方
から、果ては建物に入る前に待ち伏せの有無を確認す
る方法にまでおよぶ。そうした中でも重要度の高い
メッセージとなっているのが、ノース人の「名声」につ
いての考えを述べた詩の1節だ。オーディンはこう指
摘する。いかなるものも滅び、財産も意味をもたなく

なるが、人間の名声、つまり行ないに対するほかの者の評価は死んだあとも長く残る。ノース人は、存命中も死後も人にどう思われるかをひどく気にしていた。そして短くても非凡な人生のほうが、凡庸な長い人生より優れていると考えていた。

　オーディンは、詩の蜜酒以外にも魔法の宝物をもっていた。ミーミルの首もそのひとつだ。賢神ミーミルは、アース神族とヴァン神族が争ううちに首を切り落とされてしまった。オーディンがその首に腐敗を防ぐ呪文をかけて助言を求めると、首は秘められた事実を明かすようになった。さらには魔槍のグングニルも所有している。ドワーフが聖なるユグドラシルの木から作った槍で、魔力をもつルーン文字をオーディン自身が刻んでいる。

　オーディンはかくも偉大な人物だったがゆえに、その偉大さにふさわしい超自然的存在を従えていた。カラスのフギン（「思考」）とムニン（「欲望」、ただし「記憶」と訳されることもある）は、カラスという独立した存在だったが、オーディンの思考と欲望の化身にもなっている。8本足の愛馬スレイプニルは不世出の名馬といわれ、

✤上──オーディンと2羽のカラス。カラスはオーディンとは別の存在だが、この主神自身の側面でもある。オーディンは毎日カラスが自分のために情報を集めに飛んでいくと心配し、危ない目に遭うのを恐れていた。

この馬を父とする数多くの馬が英雄に仕えている。ヴァルキュリャも、オーディンの分身ではないながら、オーディンのある側面を具現化していた。オーディンと同様、人間を助けることも傷つけることもできたのだ。死せる勇者の魂をヴァルホルに導いたが、時には呪いをかけて戦士の戦闘を妨害することもあった。

　オーディンが勇者を庇護したのは、大方の行動と同じく、決して無私無欲からではない。戦死した精鋭の勇者は、オーディンの住むヴァルホルに召され、ここでラグナロクの日を待つことになる。これは勇敢な戦いぶりの報いともとれるが、オーディンの利益にもなることだった。何しろ最大の戦いで自分を援護する勇者の軍団を、臨戦態勢で保有できるのだ。そのほかにもオーディンは「幽霊狩猟」を率いていたといわれる。この狩猟では死者か超自然的存在（もしくはその両方）が、獲物を追って天空を駆けめぐる。一般的にこの狩猟団は、災いの前兆として現れると考えられていた。

　オーディンにはヴィリとヴェーというふたりの弟がおり、この主神の生涯にかんするふたつの物語に登場する。ふたりは本当の弟ではなく、オーディンのある側面を表している可能性もあるが、兄のいない場所にも出現できたようだ。ヴィリとヴェーはオーディンとともに巨人ユミルを倒すと、兄を助けてユミルの死骸から世界を創造するが、その後はどこへともなく姿を消してしまう。このふたりについて言及されるのはもう一度だけ、オーディンがほかの神々によってアースガルズから追放される物語の中だけである。オーディ

オーディンの弟のヴィリとヴェーはオーディンとは違う存在だが、その人格の一部を表してもいるのだろう。

ンはミズガルズで目に余ることをしでかしたので［ルテニアのリンダ王女を凌辱した］、人間に悪く思われるのを恐れた神々がオーディンを10年間追放したのだ。その不在中、ヴィリとヴェーは、オーディンの妻フリッグと寝所をともにしていた。

　この話に深い意味はなかったのかもしれない。北欧の神々が一夫一婦制だった、あるいは意固地なまでに貞操を守ったという話は聞かないのだ。だがその一方で、オーディンのしばしの方向転換を比喩的に表したという見方もできる。オーディンとヴィリ、ヴェーは、この主神の3つの側面であるとされる。オーディンは忘我（インスピレーションもしくは激情）、ヴィリは意図もしくは意志、ヴェーは神もしくは神聖だ。そのためこの物語は、アースガルズからオーディンの突然の癇癪がなくなったために、この神のホームグラウンドがむしろ平穏だったことを示唆している可能性がある。

　オーディン（もしくは少なくともその突然の癇癪）もアースガルズから排除されうるという考えには、ノース人の名声への関心と、神と人間の関係性が表れている。男も女も物事が思いどおりにならないと、神々を脅したり呪ったりした。だから神々であっても自分たちの評判を気にかけていたのである。

　以上のように、オーディンが北欧のパンテオンで果たした役割は、ひとつにとどまってはいなかった。神々の長ではあったが、無法者の庇護者でもあった。主神でありながら、

❖下──オーディンの馬スレイプニル。この牡馬の子供には人間の英雄とかかわりのある数々の名馬がいる。ユグドラシルの幹や枝を駆け抜けて、世界を行き来することができた。

女々しい魔法の使い手でもあった。戦争とかかわっては
いたが、「立派な戦士」というより突然の、あるいは
怒り狂う破壊者であり、戦闘より死に関心をいだいて
いた。素晴らしい知恵者でも優れた詩人でもあり、論
理的というより利己的で情熱的だった。オーディンを
ひと言で表すなら、偉大さは法をも超越するという信
念と身勝手さの化身といえるだろう。

フリッグ

オーディンの妻で、セイズに長けていた。セイズは主
に人の運命を良くも悪くも左右する魔術だが、フリッ
グはその知識をほとんどだれにも教えていなかったよ
うだ。伝統的な史料には、フリッグの役割についての
記述はあまりないが、神々に助言していた可能性はあ
る。それとよく似た話がヴァイキング以前の時代にあ
るのだ。戦士団の首領の妻は予兆をもとに戦いの結果
を予言し、場合によっては魔術で物事を動かすことも
できたのである。

　フリッグのある行動のスケールはまさしく壮大だ。
ただしそれは、物語の傍流であったことなので、多く
の場合は軽く扱われている。フリッグは息子のバルド
ルの身を案じて、この宇宙の生きとし生けるものに息
子を絶対に傷つけないと誓わせた。ただその中で、ヤ
ドリギだけは見逃していた。このヤドリギに貫かれて
バルドルは命を失うのだが、それでもこの企ての規模
はとてつもない。

　フリッグが住まいにしているフェンサリルには、
「沼地の館」という意味がある。この女神が湿地帯や沼
地とゆかりが深いのは、沼地に生贄を捧げたような初

✤上——強大な力をもつ女神フリッグ。夫オーディンとの口論が、冒険だけでなく人間にとっての災難に発展することもあった。あらゆる生き物に息子のバルドルに危害をくわえないと誓わせるほど強い影響力をもっていた。

期の宗教的慣習と関連があるのかもしれない。このフェンサリルで、フリッグは得体の知れない女と出会う。女は、バルドルはどんなものにも傷つけられないようですね、と話しかけてきた。するとフリッグは、あらゆるものからそういう誓いを取りつけているのです、と答え、ただヤドリギだけを除いてね、と口を滑らせる。それが間違いだった。なぜならその女は化けたロキで、聞きだしたことをバルドル殺害計画に利用したからだ。

　フリッグとフレイヤはどちらも女神で、似たような力と名前をもつのでよく混同される。これは偶然ではない。というのも両者とも起源をさかのぼると、フリーヤーという北欧の原初宗教の女神に行きつくからだ。また、「金曜日（Friday）」の語源はフリッグだ、いやフレイヤだと、いろいろ主張されているが、両者の原形であるフリーヤーが語源である可能性のほうが高い。

歴史をさかのぼると、テュールは単なる軍神ではなく、
非常に重要な神だった可能性がある。「ヴァイキング
時代」に近づくとオーディンのために影が薄くなった
が、もともとは主神だったかもしれないのだ。だから
といって、オーディンが策略と魔法でテュールの権力
を取りあげた物語があるわけではない。たしかにそう
した物語があったら相当面白いだろうが。いやむしろ、
ヴァイキング時代前のどこかの時点で、テュールは北
欧の神々の最高神として敬われていたが、のちにオー
ディンがその地位に就いて崇められるようになった、
という単純な話なのだ。神々について語られる物語は、
実際には既成事実として示されるため、「ヴァイキン
グ時代」のオーディンは、それ以前からの造物主であ
り神々の長ということになったし、そうありつ
づけた。だが、テュールが同じ偉業を成し遂
げたという物語が語られた時期が、あって
もおかしくないのである。

❖下──軍神テュール。高潔な裏表のない神で、戦士団の指揮官としては適材だったが、王に必要な狡猾さが欠けていた。主神としての地位をオーディンに代わられたことを示す証拠が残っている。

　テュールは「火曜日（Tuesday）」の語
源になり、ローマ人には軍神マル
スと同一視された。ただしこれは
部外者の見方でしかない。かなり
の共通点があるとはいえ、テュール
はテュールで、マルスではないのだ。
テュールは喧嘩を吹っかけるの
がうまかったが、暴力以
外の解決手段を知らな
かった。調停者タイプ

ではない。勇敢そのもので、誠実にふるまうという評判とは裏腹に、必要とあらば欺瞞に加担することもあった。どこまでも誠実である必要性より公共の利益を優先させたかのように見えるが、それもどうしようもない状況になってからである。

神々は狂暴な魔狼フェンリルを縛りあげようとしたが、力ずくでは難しいので、縛られることをフェンリルが望むよう口車に乗せる必要があった。そのために賭けが行なわれたが、これは北欧神話では珍しくないことだ。この時はフェンリルが自分を縛れるものは何もない、と自惚れていたのを逆手に取った。神々は、お前を縛れるものを見つけたぞ、と主張した。フェンリルは、その紐を引きちぎれなかったら解放する、と保証されてやっとおとなしく縛られた。この約束が嘘でないことを示すために、神のうちのだれかがフェンリルの口に手を入れなければならなかった。だが、それでは魔狼が騙されたと知ったときに、手を噛み切られる危険性がある。

テュールも当然、それでどうなるかを承知していた。フェンリルとの約束は確実に破られようとしており、片手を失うことになる。それでもテュールが保証としてフェンリルの口に手を入れると、狼は納得した。神々がフェンリルの縛めを解くのを拒むと、テュールは手を失った。破壊をもたらす怪物はその代償に、少なくともしばらくのあいだは宇宙から姿を消していた。

テュールは高潔な戦士で、法の制定者であると評される。そのためこのようにフェンリルを欺く場面で加担する姿には違和感があるだろう。だがそれも、ノース人がインナンガルズとウータンガルズに示していた

態度から説明がつく。この概念が、仲間の民とよそ者とどう関連していたかが理解の糸口になるのだ。奴隷にする、女性に危害をくわえるなど、ノース人に対して禁じられていた行為も、よそ者を対象にする襲撃や戦争では容認されていた。おそらく法と誓いにも同じ考えが適用されたのだろう。問題になるのはノース人に対してだけで、よそ者との約束にはさほど拘束力はなかったのだ。

❖上──多くの文化圏では、醜い姿になったり体の一部を失ったりした者は、支配者としてふさわしくないとされた。そのためテュールは片手とともに、主神としての資格も失ったのだろう。

　テュールがほかの神々とともにフェンリルを騙したとしても、約束は破っていないと正当化する見方もあるだろう。取り決めは、狼が解放されなければ神の手を食いちぎることだった。テュールはそれを承知のうえで犠牲を払っている。そもそもこの条件が気に食わなかったら、フェンリルは同意しなければよいのだ。もうひとついえるのは、テュールは神と人間という仲間の守護者で、仲間を守るために必要ならなんでもしようとしたということだ。たとえそれが、ウータンガルズの部外者フェンリルへの裏切りを意味するとしてもだ。つまり、テュールの使命は仲間を狼から守るこ

とであり、これがそれを成し遂げる手段だったのである。テュールのように高潔で勇気のある神にとって、選択肢はひとつしかなかった。この神は第一に自分の仲間に誠実だったのである。

この物語から、オーディンのためにテュールの影が薄くなった理由がわかる、ともいわれている。テュールは裏表のない正直な神で、人口が小さいときのよき指導者像を表している。テュール型の人間は、農場の経営や小さな集落の指導ならうまくやれただろう。ところが社会が発展すると、白黒をつけるのではなく灰色の判断をくだす必要が出てきた。単純な指導者の正直な言葉より、狡猾で、時には人を欺くような王の支配が求められたのだ。テュールからオーディンへの最高神の交代は、北欧の社会状況が変化したことを暗に示しており、テュールが手を失ったのは、権力の衰えを象徴していたとも考えられる。

トール

オーディンの息子。母親は大地の巨人ヨルズのようだが、神話文献によってその表記はフィヨルギュン、あるいはフロージュンとなっている。いずれにせよ、トールの母親は巨人で、父親のオーディンはアース神と巨人の混血だった。神族より巨人族の血のほうが濃いが、それでもトールはアースガルズとミズガルズの誠実で義理堅い守護神であり、アース神族の中では軍事の最高神の地位にあった。「木曜日（Thursday）」はその名に由来している。トールがもっている宝物の中で、とくに有名なのがミョルニルだ。並外れた体力をもつトールでさえ、この槌を振るうためには、力を増強す

❖トール──筋力vs頭脳

　トールは精強な戦士だったが、血のめぐりはいまいちだった。トールの冒険物語には、裏をかかれた出来事がいくつかある。見知らぬ者の正体が父親のオーディンだと見破れなかったこともあるのだ。しかもかなり長い時間一緒にいて、脅しや自慢、侮辱を応酬していたのにもかかわらずである。トールはたいてい問題に真正面から取り組み、槌でそれを粉砕する。嵐や稲妻を操ったりもしたが、もっとも優れていたのは戦闘能力だった。

る魔法の力帯と鉄の手袋の助けを借りなければならなかった。ミョルニルは強力な武器ではあるが、認定のしるしのような役割も果たし、結婚式や出産といった

祝い事があると、トールがこれで祝福した。この槌は北欧の宗教のほぼ普遍的なシンボルで、キリスト教が普及したあとも、お守りとしてミニチュアを身に着ける習慣が長く残っている。

　トールはそのほかにも、山羊の引く魔法の戦車をもっているが、出かけるときに必ず乗っていたわけではない。文献の中には、神々は地上で暮らしており、毎日馬でビヴロストの橋を渡ってアースガルズに来ていたとするものがある。ところがトールは例外で、違うルートを歩いていたのだという。そのため沸き立つ川を渡らなくてはならなかったが、そうまでする理由は明らかにされていない。山羊はまた、殺して食事に供することができたが、戦車が必要になると生き返らせていた。トールは妻の女神シヴと子供たちとともにアースガルズで暮らしていた。その館のビルスキルニルという名称は「稲妻の亀裂」を意味し、これほど巨大な建物はないと何度か言及されている。このことは後世の「ヴァイキング時代」に、トールがオーディンをもしのぐ重要性をもったことを反映しているのだろう。アイスランドへの移住者は、ほかの神々を差し置いてトールを崇めていた。

　トールとシヴのあいだにはスルーズという娘がいた。この名前はヴァルキュリャの中にもあるが、それがトールの娘なのか、単に同名の別人なのかはわからない。トールは、女巨人ヤールンサクサとも、マグニとモージというふたりの息子をもうけている。ラグナロクで父が死ぬと、このふたりが槌を受け継ぎ、その後に創造された新世界まで生き残った。

　トールは軍神としての性格が強いが、大地の豊穣に

関与する一面もあった。トールに戦士が戦いの加勢を
求めたのと同じくらい、農民は恵みの雨を降らせてほ
しいと祈ったのだろう。父のオーディンはエリートを
重視したが、息子はそれよりはるかに平等主義的で、
人の上に立つ神ではなく庶民の神だった。そのため、
オーディンは精鋭の戦士を選んでその他大勢をほとん
ど顧みなかったが、トールは多くの場合、一般の兵と
農民の味方と見られていたのだ。

シヴ

トールの妻だが、そのわりにはシヴにかんする記録は
少ない。ゲルマン神話や類似の神話では、天空神と大
地の神の組み合わせはよくあるため、シヴは大地を擬
人化した存在で、その金髪は穀物畑を表しているとも
考えられる。ところがシヴはロキの悪戯で丸坊主に
されてしまい、そのためにロキはあやうく命を取られそ
うになっている。それでもこの不愉快な出来事には、
だれもが満足するオチがついたようだ。シヴはドワー
フの作った新しい髪の毛を手に入れ、神々はついでに
作られた宝物を受け取った。トールの槌ミョルニルも
そのひとつだ。

バルドル

オーディンとフリッグの息子で、この世の全ての創造
物から愛された。輝かんばかりの美しい貴公子で、母
親にとってはかけがえのない宝だった。そのためバル
ドルが自分が死ぬ悪夢を見はじめると、フリッグは宇
宙のあらゆるものに息子を傷つけないと誓わせている。
　バルドルはよく、かなりのお人好しでおとなしい神

として描かれる。争わない好人物でいることに満足していたのだと。だがこのことに後世のキリスト教の影響があるのだろう。原典となる神話には、好戦的な性格を示す記述がいくつかある。不死身になった（らしい）ことで、戦闘ではいささか不公平な優位性を獲得した。するとバルドルは迷わずそれに乗じている。さらには（おそらくバカげた）遊戯にも参加している。神々が武器やら何やら手当たり次第に自分に投げつけるという遊びだ。やれるならやってみろという虚勢のために、バルドルは身を滅ぼすことになる。

バルドルを傷つけないと誓わなかったものがひとつだけあった。ヤドリギだ。若くていかにも無害そうに見えたので誓いを求められず、バルドルに危害をくわえる可能性を残していた。普通ならそれでも大した問題にならなかっただろう。ヤドリギの枝で傷つけたとしてもたかが知れている。ところがロキが卑怯きわまる手を使った。ヤドリギでなんとかして槍をこしらえると、バルドルの盲目の弟ホズに渡したのだ。弟の投げた槍で兄は果てた。

この物語には異伝がある。その中でホズとバルドルはどちらも戦士団の指揮官で、女神ナンナへの恋慕が高じて武力衝突

オーディンのためにテュールの威光に翳りが生じたように、トールも徐々に父親より重要な神になっていった。

を起こす。ホズは冥府に降りて不死身のバルドルをうち破る力を獲得し、致命傷を負わせる。いずれの物語でもホズは、バルドル殺害の報いを受け、その直後に同じ運命をたどる。

バルドルの死は多くの点で重要だ。伝統的な「ヴァイキングの葬儀」では、船を埋めて船葬墓にするか、船に火を放って海に流した。オーディンが亡き息子を悼むために執り行なった儀式では、後者の方法がとられている。バルドルを火葬する薪にも副葬品が入れられた。旅立つ死者をさまざまなものとともに送りだす習慣にならったのである。

ロキについていえば、バルドルの殺害は残酷きわまりない謀略の半分にすぎなかった。後半部分では、バルドルを絶対によみがえらせまいとしている。みなから愛されたバルドルのために、神々は冥府の女神ヘルに使者を送って、バルドルを解放してほしいと頼んだ。するとヘルは、この世に存在するあらゆるものがバルドルのために涙を流したら、求めに応じようという。全てのものが泣いた。ただし女巨人のソックを除いては。条件が満たされなかったので、ヘルはバルドルを手放そうとしなかった。

実をいうと、ロキはソックに変身して策略の後半部分を実行していたのだ。神々は烈火のごとく怒り、ロキに残忍な罰を科した。岩窟で禁縛し、頭上の毒蛇か

❖上──バルドルが槍や鉞ではなく、矢で死んだという物語もある。ただ、その趣旨は同じだ。いずれにしてもロキは、ホズを騙してヤドリギで作った武器を使わせ、狙いまで定めてやっている。

❖前ページ──バルドルと妻のナンナ。バルドルは生きとし生けるものに愛されたが、どうやらロキだけは例外だったようだ。ヤドリギでさえこの神を傷つけるつもりはなかった。ヤドリギはただ、バルドルに危害をくわえないと誓わされなかっただけなのだ。

ら毒がしたたり落ちるようにして、灼熱の苦痛を味わわせたのだ。この地獄の責め苦のために、ロキは人騒がせなくわせ者から憎しみに満ちた神々の敵へと変貌した。そしてついにラグナロクでは、巨人族を率いてアースガルズに攻め入るのである。バルドルはラグナロク後によみがえり、創造された新世界に美しくも神々しい姿を現すことになる。

ヘイムダル

オーディンの息子。母親は9人いるが、なぜそんなことになったのかはよくわからない。ある時期に人類を創造し、(基本的に王侯、戦士、農民から成る)北欧社会の階層構造を作ったとされているようだ。もっとも、今日まで残っている北欧神話のほとんどで、その功労者となっているのはオーディンだが。

　勇敢で忠義に厚い戦士ヘイムダルは、巨人族の接近にそなえて待機し監視する役目を負っていた。鋭い感覚のもち主で、100ロスト[1ロストは718キロ]先のものも見えるし、ビヴロスト橋を越えたミズガルズで草が芽吹く音も聞き分けられる。オーディンはミーミルの泉に片目を捧げているが、ヘイムダルも同様の犠牲を払ってこうした能力を手に入れたのかもしれない。ユグドラシルの下にヘイムダルの何かが埋められた、あるいは隠されたという記述があるのだ。それは片耳かもしれないし、体の一部ではないのかもしれない。いずれにせよ、ヘイムダルは尋常でない鋭い感覚のもち主だった。

　ヘイムダルはロキの宿敵だ。ロキの悪賢さは誠実な守護神の対極にある。ラグナロクでロキ率いる巨人族

❖次ページ──古代神の描き方は、その背景にある社会とともに変化する。このヘイムダルの絵は、ビヴロストの見張り番という本来の姿より、描かれた時代を反映している。

がアースガルズに迫ると、ヘイムダルはギャラルホル
ンを吹き鳴らして警告し、神々を決戦場へと招集する。
ちなみにこの戦いの角笛には、杯としての用途もあっ

たらしい。その後ヘイムダルはロキと対決して相討ち
になった。

イズンとブラギ

アース神族の中でもイズンはなくてはならない女神だ。
というのもイズンは神々の若さを保つ果物を育ててい
たからだ。多くの神話とは異なり、北欧の宗教には永
遠の命をもつ神はいない。とんでもなく長寿ではある
が、イズンの「リンゴ」がなければ老いて死んでしまう
のだ。多くの史料では、イズンの果実に「リンゴ」とい
う言葉が当てられているが、もともとはそういう意味
ではなかったのだろう。イズンはさまざまな種類の魔
法の果物の世話をして、神々に分け与えていたと思わ
れる。それが後世に「リンゴ」に変えられたのだ。

　それはともかく、イズンの果物は神々の健康とひい
ては生存に欠かせないものだった。イズンが巨人シャ

❖下──神々は不老不死で
はなかったが、女神イズン
からもらう魔法の果物で若
さを保っていた。それがリ
ンゴだったというのは後世
の歪曲だ。伝統的な神話文
献からは、さまざまな種類
の果物だったことがうかが
える。

ツィに拉致されたときなどは、神々は魔力を発揮できなくなっている。シャツィによる奸計でそうなったのだが、ロキの短気な行動と気まぐれがなければ、そのような事態にはなっていなかったろう。

　ロキがほかの神と連れだって旅をしていたときのことだ。荒地で見つけた野生の牡牛を料理しようとすると、鷲が魔法をかけて邪魔だてする。鷲は、焼けた牡牛を食わせてくれるなら手出しはしないぞ、と約束したが、いざできあがると旨いところを残らずかっさらっていった。この手の卑怯なやり口は本来ロキの十八番だが、ロキは自分がバカにされたのを知って怒り

❖右——イズンと夫のブラ
ギは、神々の中でも重要度
が高いのに物語にはあまり
登場しない。イズンは神々
の若さを保ち、ブラギは人
間界のスカルド詩人や古謡
歌の詩人を庇護していた。

狂い、枝を手にすると鷲に襲いかかった。

　鷲は枝をつかむと、ロキをぶら下げたまま飛びあがった。そうして、おれは巨人のシャツィで鷲に化けているのだ、と正体を明かし、おれのところに魔法の果物と一緒に女神イズンを運んでくると約束しろ、でないとここでお前を落として死なせてしまうぞ、と脅した。ロキは必ずそうする、と誓う。こうして理由はどうあれロキにとっては、自分や仲間の神の不老不死よりその言葉を守ることが重要になった。

　ロキはアースガルズに戻るとイズンに、あなたの果物よりずっと優れた果物がありましたよ、と告げ、あなたも果物をもってそれを確かめに行きませんか、と

言葉巧みに連れだした。女神が、またもや鷲の姿に
なった巨人に運び去られると、まもなく神々は老いに
よる変化を感じはじめた。そしてその原因がロキにあ
ることを突きとめ、女神を取り戻すよう命じた。もし
失敗したらお前の命はないぞ、と。

　ロキは女神のフレイヤから魔法の鷹の羽衣を借りる
と、ヨトゥンヘイムにあるシャツィの砦へと飛んだ。
そこに巨人の姿はない。ロキはこれ幸いとイズンを木
の実に変えて連れ去った。それに気づいた鷲の巨人に
あやうく追いつかれそうになる。だがそこでほかの
神々が激しい炎を燃えたたせた。ロキがアースガルズ
の城壁を飛びこえるのと同時に、神々が火を燃えあが
らせたので、あとに続いた巨人は焼け死
んだ。イズンとリンゴが戻ってきたので
神々は若返り、ロキは処刑を免れた。

> イズンの誘拐は、神々が直面し
> た脅威の中でもきわめて深刻
> だった。イズンがいなければ、
> 神々も老いて死んでしまう。

　イズンの夫ブラギは、詩芸に優れた偉
大な吟遊詩人だった。それもそのはず、
その舌にはルーン文字が刻まれていたのだ。イズンが
実兄を殺した者とねんごろになったと思わせる発言は
あるものの、その告発者はロキだったし、具体的な顚
末は伝えられていない。ましてやイズンの兄について
の言及はほかにないのだ。殺人者とはブラギのこと
だったのか、イズンが深い仲になったほかの神だった
のかはわかっていない。

　ブラギは地上の詩人と吟遊詩人の庇護者だった。も
しかすると、人間の吟遊詩人だったのが、後の物語で
神格化されたのかもしれない。神々の物語では大した
役まわりを演じていないが、それでも神の物語と人間
の偉業を普遍化し権威づけることで、社会の重要な役

割を果たしたといえる。

その他のアース神

北欧神話にはほかにも数知れない神々が折に触れて顔を出す。たいてい1度きりの登場だが、神々の冒険や旅の仲間としてついでに名をあげられるだけのこともある。バルドルの復讐をしたヴァーリもそのひとりだ。ヴァーリはオーディンの息子で、ホズが騙されてバルドルを殺めた現場に居合わせていた。ホズをすぐさま殺害したあとは、ラグナロクまで物語から姿を消している。ラグナロクでの行動は詳述されていないが、生存者の中にその名が見出せる。

　オーディンにはもうひとり、ヴィーザルという息子

✤右——オーディンの息子のヴィーザル。フェンリルの顎を引き裂き、剣を巨大な獣の心臓に突き刺して父の仇を討った。ほかの物語には登場しない。

がいる。ヴィーザルは「沈黙神」と呼ばれ、ラグナロクでオーディンが狼フェンリルに呑まれて命を落とすまで物語に登場しない。どうやらトールに次ぐ強さをもつ神のようで、フェンリルの顎を足でこじ開けると、そのまま口を引き裂き狼を殺してしまった。足には、この目的のためだけに作られた魔法の靴を履いていた。

その他のアース神で、物語の中に時折顔を出すのがフォルセティだ。フォルセティは神々の法の制定者としての役割を果たし、金銀でできた豪華な宮殿に住んでいる。その裁き手および調停者としての役割は、伝統的なアイスランド社会の法の制定者と重なるが、この神の仕事ぶりについての言及は断片的でしかない。アイスランドの政治家で歴史家のスノッリ・スツルソンは、フォルセティはバルドルとナンナの息子であると記述しているが、この主張を裏づける歴史的文献がないため、スツルソンの創作と思われる。

スツルソンは、バルドル殺害後のヘルモーズの旅の物語も伝えている。その根拠となる物語の実在性には疑問がもたれているが、スツルソンが手に入れた文献があとでなくなっている可能性もなくはない。戦士の神ヘルモーズはなんとしてもバルドルを救出したいと思い、ヘルヘイムへと旅立った。この時はオーディンの8本足の馬、スレイプニルも同行し協力している。

神のヘーニルはいくつかの物語でロキとともに旅をしているが、その性格が矛盾している。最初の人類であるアスクとエンブラに贈り物をした神のひとりなのだが、その贈り物がオーズ（陶酔、熱狂、インスピレーション）なのだ。「詩の蜜酒」の物語では、人はオーズをオーディン自身から賜るとされている。そうなると事

✤上——狩猟の名手のウッル神。スキーとスケートを巧みに操ったが、それ以外に知られていることはほとんどない。北欧の原初の神だったが、「ヴァイキング時代」にはあまり崇拝されなくなったのだろう。

実関係はいささか混乱する。ヘーニルはラグナロクを生きのびているのだ。

アース神族とヴァン神族の戦いで、ヘーニルは和平のしるしに交換される人質として重要な役割を演じている。この時は美男ではあるが、何かというと一緒に人質になったミーミルの知恵に頼る愚物として描かれている。ヘーニルは引き渡し先のヴァン神族の首領になったのにもかかわらず、ミーミルの助言なしには満足な決断をくだせなかったので、ヴァン神族は腹を立ててミーミルを斬首した。

ローズルはオーディンとヘーニルに次いで、アスクとエンブラに贈り物をした第3の神だ。この神については、オーディンが「ローズルの友」だったこと以外ほとんど知られていない。ただ、アスクとエンブラに美しい容姿と「ラ」と呼ばれるものを授けたことは記録されている。「ラ」はよく「暖かさ」の意味にとらえられるが、このような場面でこの言葉が使用されている例はほかにない。ひとつありえる解釈がある。血から生じる生命の暖かさである。

男神が女巨人を妻にするのはよくあることだった。それとくらべると、女神が巨人と結婚するケースははるかに少なかった。

もうひとり、目立たない神にウッルがいる。この神はかつて強大な力をふるっていたと想像される。オーディンが苦境に陥ったとき、救ってくれたらその代わりにウッルの加護を受けさせる、と約束しているのだ。だが記録されているウッルの行ないはほんのわずかだ。女神シヴの息子で弓と狩りに長け、スキーとスケートで移動していたとは記されている。吟遊詩人が使うケニング（婉曲）代称法では、盾を「ウッルの船」というが、盾と船がどうつながるかは不明だ。ウッルはスカン

ディナビアの初期の神で、力があったことは漠然と記憶されていたが、この神の物語は忘れ去られたのだろう。

　ゲヴュンは農耕の女神で、巨人とのあいだに4人の息子がいる。これはめったにない例だ。男神が巨人の妻を迎えることはあっても、巨人が女神を妻にするのは、少なくともいくつかの物語によれば、受けいれがたいことだったのである。だが、ゲヴュンは息子を牡牛に変えることができたために、スウェーデン王ギュルヴィとの駆け引きで大変な得をしたと伝えられている。ギュルヴィは牡牛4頭が1日で鋤けるだけの土地を与えよう、といった。王はそんな約束をしたことを後悔したのにちがいない。ゲヴュンの魔牛と化した息子が、大量の土をかき集めて、デンマーク沖に巨大なシェラン島を形成してしまったからだ。

ヴァン神族

ヴァン神族はアース神族と対等とされていたが、ふたつの神族の「結婚」ではたいてい従属的、あるいは補助的な役まわりをしていた。ヴァン神族は自然と豊穣、魔法を司り、多くの場合アース神族ほどがさつではなかった。ヴァナヘイムで暮らしていたが、それがどこにあるかは曖昧だ。ただ、ユグドラシルの上層部にあ

✤下──ゲヴュンは4人の息子を牡牛に変えて、鋤を引かせることができた。巨人と女神の子供であるため牡牛は尋常でない力で働き、ギュルヴィ王は己の不覚を思い知らされることになった。

り、アースガルズからほど近い場所ではあったのだろう。そのためヴァン神族など存在していなかった、という議論も的外れではない。原典の物語にほとんど記述がないので、後の時代にこういう神族もいたのではないか、と推測された可能性もなきにしもあらずなのだ。

　一般化のしすぎを恐れずにいうなら、ヴァン神族は北欧の伝統的な家庭の妻に似た役割をしていたように思われる。女性は財産を所有し独力で裕福になれたし、そうした例はあったが、よほどのことがないかぎり男性と協力関係をむすび、夫婦で明確な役割分担をしていた。夫は当然「家長」であり、家族のために主張し必要とあらば戦いもした。一方妻は、夫が滞りなく活動できるよう内助の功を発揮した。夫は家の外の全てを任されたが、妻は家の中の全てを任されていたと思われる。ただ、男もその家で暮らさねばならなかったのだから、北欧の伝統的な結婚生活で実質的な主導権がどちらにあったかは、見方によって多少の違いはあるだろう。それと同様にヴァン神族も、アース神族が自分たちより荒々しい力をふるうのにあたり、その方法やタイミングにかんして絶大な影響力をふるっていたのかもしれないのだ。

ニョルズとネルトゥス

ニョルズはフレイヤとフレイの父親である。母親はわからない。ニョルズはヴァン神族でも最高位に並ぶ神であり、アース神族とヴァン神族の戦争を終わらせるために人質を交換したとき、そのひとりに選ばれてアース神族にくわわっている。多くのヴァン神と同様、

豊穣をもたらすが、海の神、富の守
護神でもあった。

　ニョルズの行ないについては
ほとんど伝えられていない。もと
もとは北欧のパンテオンでかなり
重要な神だったが、のちにほかの神々
のために影が薄くなったようだ。女
巨人スカジとの結婚物語では
主人公になっているが、
それでもかなり消極
的な役まわりだ。
スカジの父であ
る巨人シャツィは、
女神イズンとその若返りの
果物を強奪しようとした。そのため命を落としており、
スカジは父の敵討ちを望んでいた。

　スカジは恐るべき人物で狩猟の名手として知られて
おり、まわりくどい方法をとらなかった。神々の前に
姿を現し、復讐してやる、とわめいたのだ。シャツィ
の死に関与した神は何人もいたため、それはかなりの
長丁場になりそうだった。ここで理由はどうあれ、
神々はスカジとは戦わずにむしろ和解しようとする。
オーディンがシャツィの両目を天空に放り投げると星
になった。さらに神々はスカジを笑わせようとする。
失敗すれば和解は成らないが、神々は復讐心に燃える
スカジの気勢を殺ぐほど面白がらせることはできない。
ようやくロキが、例によって突飛な方法でスカジをふ
き出させた。自分の陰嚢と山羊のひげを紐でむすび、
綱引きをしたのだ。ロキが痛いと悲鳴をあげ、山羊が

❖上──ニョルズは、漁や
海上貿易から得られる海の
恵みとゆかりが深い。フレ
イヤとフレイの父親でも
あった。ニョルズの双子の
姉妹である女神ネルトゥス
は、彼の女性的な面を表し
ていたとも考えられる。

❖右──スカジとニョルズ
の結婚はうまく行くはずが
なく、性格のはなはだしい
不一致のために長続きしな
かった。ふたりは円満に別
れ、スカジがアースガルズ
にふたたび敵意を向けるこ
とはなかった。

怖がってメーと鳴いたとしたら、スカジもきっとたま
らず笑い声をたてたのだろう。

　最後に取引として要求されたのは、スカジが自分で
選んだ神と結婚することだった。男神が女巨人と婚姻
関係をむすぶのは珍しくないが、巨人に伴侶を選ばせ
るというのはほとんどありえないことだ。
だが神々は、スカジが足だけを見て夫を
選ぶという条件で、それを認めた。スカ
ジはニョルズを選んだが、その足を貴公
子バルドルのものと思いこんでいた。

ニョルズは和平の取り決めの一
環として、巨人シャツィの娘のス
カジと結婚した。

　神々はスカジとニョルズのために素晴らしい式をあ
げた。その後ふたりは山頂のスカジの住まい、スリュ
ムヘイムに向かったが、ニョルズがそこをきらった。
山は寒くて陰気に思われたのだ。そこで9日9夜過ごし
たあと、ふたりはニョルズの海辺の家に引っ越した。

上——移動祭礼のような
形で、集落を次々と訪れる
ネルトゥスの祭司。一行の
到着を祝って宴が催され、
敵同士が休戦した。幸運と
豊作を招くためである。

ここはスカジが、カモメの鳴き声がうるさくて落ち着かないので気に入らなかった。スカジは結婚したての夫を残して自分の家に戻ったが、神々が取り決めを守ったためか、それ以上復讐しようとはしなかった。

　女神ネルトゥスはニョルズの女性形と思われる。ふたりが同じ神の男性と女性の側面であること、あるいは対等な男女一対の神であることを示す言語的証拠はある。ネルトゥスがフレイとフレイヤの母親で、ニョルズの姉妹なのではないか、と思わせる神話文献もあった。それはともかく、ネルトゥスは豊穣の季節と深いかかわりがある。ネルトゥスの像もしくはその祭司が牛車で集落から集落を訪れる習慣があり、牛車が止まった場所では必ず祝宴が開かれて、争いごとが収まるのだった。

フレイヤ

ニョルズの娘。よくオーディンの妻フリッグと混同さ

れる。その原因は主にふたりがもともと同じ原ゲルマンの女神であるところに、異なるが紛らわしいほどよく似た名前と性格を与えられたことにある。フレイヤの夫の名はオーズで、オーディンと酷似した能力をもつので、同一神と見てまちがいない。フレイヤはヴァン神だったが、アース神族とヴァン神族の戦争が終結した際に、アース神族にくわわった。愛と豊穣の女神で、男神とだけでなくエルフとも片っぱしから寝たと非難されている。そういったのはロキだったので、完全な濡れ衣である可能性もあるが、フレイヤの性格を考えると、その根拠はなきにしもあらずだったのだろう。北欧の神々は、愛と豊穣とかかわりがなくても、性的に奔放なことで知られている。

北欧のパンテオンで、フレイヤはふたつの重要な役割を担っている。まずはフォールクヴァングの館の主だった。ここで、戦死した偉大なる戦士を、ヴァルホルと二分して引き受けている。ヴァルホルの主はオーディンだったが、多くの話の中でフォールクヴァングとヴァルホルの違いはそうないように思える。

フレイヤはまた、主に運命を予言し操る魔術セイズを使っていた。このような魔術をはじめて用いた神とされており、そのおかげで人間もセイズを習得できたと信じられている。

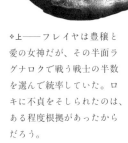

❖上――フレイヤは豊穣と愛の女神だが、その半面ラグナロクで戦う戦士の半数を選んで統率していた。ロキに不貞をそしられたのは、ある程度根拠があったからだろう。

フレイ

ニョルズの息子で、妹のフレイヤと同様、2神族の争いのあとに人質としてアース神族に引き渡された。豊

✤左──フレイはアールヴ
ヘイムの支配者だったと思
われるが、そこに住むエル
フとの関係は明らかにされ
ていない。ラグナロクでは、
火の巨人の軍勢率いるスル
トに倒される運命にあるが、
フレイは死に際にスルトの
顔面を鹿の角で突いている。

穣神で、繁栄と豊
作、家族を司り、多
くの場合結婚式など
の祝い事でこの神に
生贄が捧げられた。
「きらう者はだれもい
なかった」といわれて
いるくらいだから、
多くの者に愛されて
いたようだ。女神や女
巨人とはもちろん、妹の
フレイヤとも情を交わしたと
いわれる。

　フレイは珍しいことに、アース神族の国にもヴァン
神族の国にも住んでいない。住居はエルフの国アール
ヴヘイムにあり、ここの支配者であることを匂わせる
記述もある。どうしてそうなったのか、そこに住んで
いる光のエルフとはいかなる関係だったのかはわから
ない。概して感じがよく慈悲深い性格ではあるが、腕
の立つ戦士でもある。強者の火の巨人スルトと戦う宿

命にあり、最後には巨人と共倒れになる。

　多くの神と同様、フレイは魔法の宝物をもっていた。そのひとつ、スキーズブラズニルは船だが、折り畳んで袋に入れて運べる。また、巨大な牡豚に引かせる戦車もあった。この動物はフレイとのゆかりが深い。フレイへの生贄には、たいてい牡豚が捧げられていたのだ。

ロキ

北欧神話の中でこの神は、ちょっとした変わり種だった。巨人だったが、オーディンと義兄弟の契りを交わしている。おかげでアース神でありながら部外者でもあり、神々にとっては有益にもはた迷惑にもなる存在だった。父親のファールバウティは巨人で、母親のラウヴェイも巨人とされることが多い。もっとも、神話

❖下──ロキを描いた彫刻。トラブルメーカーだったが、ロキは神々にとって貴重な役割をすることがあり、多くの冒険旅行の道連れにもなった。ただし、問題を解決したのと同じくらいその火種にもなっている。

文献にはそれが事実であることを示す根拠はないが。

　ほかの神ならがんじがらめになっている取り決めにも、裏をかく、破るといった手が使えるため、ロキだけが難局を切り抜けられることもたびたびあった。ただし、ロキは神々を悩ませるトラブルメーカーでもある。ロキが余計なことをしたばかりに、女神イズンは巨人シャツィに誘拐された。それどころか、ロキは自分の命が惜しくて誘拐にも加担している。イズンを救出してシャツィを死に追いやったのもロキだった。

　ロキは北欧神話の中で、時間とともに性格が変わっていった唯一の神である。ほかの神々も多くの側面をもっていたが、それが変わることはなかった。オーディンでさえ、狡猾さと悪賢さそのままに自分らしさを貫いていたのだ。それに対しロキは、悪戯好きで無責任なトリックスター［神話や物語に登場し、悪戯や悪さで秩序を破壊する者］だったのが、復讐心に燃える敵に変貌し、巨人族を率いてアースガルズに攻め入っている。それ以前の物語では、神々とともに冒険の旅に出ていた。厄介事を起こしはしたが、ほかのだれにも不可能な方法で助け舟を出してもいる。よく無責任で時々訳もなく意地の悪いことをしたが、それでも限度はあった。気まぐれで予測不能なところはあっても、自分の属するアース神族に忠誠を誓っていたのである。

　だが、あとになるとロキの悪戯は次第に悪質になる。間接的なバルドル殺しは、まちがいなくただのひどい悪ふざけだった。神々はバルドルが不死身であるのを面白がり、武器を投げつけて興じていた。ロキの見方からすると、それではただ失敗するとわかっていることをしているだけだった。だから、単にその行き詰ま

りを解消しようとして、創造物の中でバルドルを傷つけられる唯一のもので武器を作り、用途を理解できないであろうただひとりの神(盲目のホズ)に渡したのだ。

バルドルを死なせたのは行き過ぎた悪ふざけだったが、それでも悪ふざけにはちがいない。だが、ロキが次にしたことには悪意でしかない。ロキが邪魔だてしなかったら、バルドルはヘルの国から戻ってこられたのだ。世界中の人がバルドルのために涙を流したら、この神は冥府から解放されることになっていた。たったひとり泣かず、そのためバルドルの永遠の死を確定したのは、変装したロキだった。つまり巨人でさえバルドルのために涙してくれたというのに、表向きは同じ神族のロキが泣かなかったのである。

この耐えがたい裏切りのために、ロキは残酷な罰を

❖ロキは悪の擬人化か?

ロキを、一神教でいう意味での「悪」だと考えるのは適当でない。ロキの行動は自己中心的で時には悪意があり、多くの場合ほかの者の幸せを壊す。それでもロキは、悪行そのものを目的にする「悪」ではない。トリックスターであると同時に、社会の一員になりきれないアウトサイダーで、利害が社会と一致しないために利己的になるのだ。ロキの視点からすると自分の行動は筋がとおっている。オーディンやヘイムダルの行動が、彼らの視点から筋がとおっているのと同じだ。

北欧神話は、善神が裏切り者の悪神ロキに勝つ物語ではなく、それよりはるかに複雑だ。むしろ確執のためにバラバラになった機能不全家族の物語ととらえるほうがよいだろう。ここではさまざまな思惑が交錯し、どの男神も女神も自分らしくふるまっている。時には神々にとっても、ロキにだれかを裏切らせるほうが都合がよく目的にかなったりする。またもちろん、神族全体といわないまでも、その一部と揉めていたのはロキだけではない。人質交換でアース神族がヴァン神族を欺いたのはまちがいないだろう。だからその仕返しにヴァン神族はミーミルを斬首して殺害したのだ。たとえ物語の英雄然とした者の仕業でも、そこまですれば善行とはみなされなくなる。

受けた。岩窟でがんじがらめにされたところに、頭上から毒蛇が毒を顔にしたたらせるので、灼熱の苦痛に襲われる。妻のシギュンは毒をたらいで受けてロキにかからないようにしていた。ただ、時々たらいを空けなければならないので、そのあいだロキの顔に毒がかかる。焼けるような苦痛からロキが身もだえすると、それで地震が起こるとされた。ロキはやがて洞窟から逃げだすと、ラグナロクを引き起こして復讐を果たそうとしたが、ヘイムダルと相討ちになる。

ロキの妻シギュンについては、夫に献身的に尽くしたこと以外はほとんど知られていない。岩窟の中で長い年月をロキとふたりきりで過ごし、夫がしでかしたことの結果からかばおうとしていたのだから、文句のない献身ぶりだ。ロキが父親である怪物の母親だったかもしれないし、そうではなかったのかもしれない。巨大蛇のヨル

> ロキがいなければ、創造、生、破壊の循環は完結しなかった。

ムンガンド、魔狼のフェンリルといった怪物の父親はロキである。ロキの普通の子供には、神々によって狼にされたヴァーリ（紛らわしいことに、バルドルの死の敵討ちをしたヴァーリとは別人）や女神ヘルがいる。ロキはまた（ほかで語られているひどく入り組んだ物語によれば）オーディンの馬となるスレイプニルの母親でもある。

ロキは北欧神話の中で重要な役割を担っていた。社会の中にいたアウトサイダーだったので法を曲げたり誓いを無視したりして、神々を厄介事から救っていたのだ。問題解決ではおおいに役立ったが、多くの場合そうした問題をもたらした張本人だった。ロキの子供には神々と戦った多くの怪物がいる。またロキは神々のためにさまざまな魔法の宝物を手に入れたかと思う

と、神々を倒そうとする敵をこしらえ、対抗する武器を与えたりもした。そして最後には、北欧の神々の強敵となり、この物語にふさわしいフィナーレを用意す

るのだ。ロキがいなければ、創造、生、破壊の循環は完結しない。そうなれば神々は相応の挑戦を受けないまま、衰退してしまうことになるのだ。

神族間の戦いと詩の蜜酒

ふたつの神族のアース神族とヴァン神族は、分かれていてもはじめは対立していなかった。その関係性が変わったのは、アース神の多くが身勝手だったからだ。フレイヤがアースガルズにやって来てセイズと名乗り、神々のために魔術を使いましょうと申しでた。セイズの使い手としてはそう珍しいことではない。こうしてよくあちこち旅してまわっていたのだ。

フレイヤがこの魔術を乞われるままに披露すると、アース神族はどうしても利己的な目的のためにこの新しい力を使ってみたくなった。そうなると高潔で献身的な神族である本質を裏切ることになる。するとアース神族のあいだでお互いに、またみずからが変わりつつあることに対して憤懣が高まった。ところが彼らは自分の弱さを責める代わりに、フレイヤが悪いと決めつけて、この女神の存在自体を消すことにする。だが思ったようには行かない。フレイヤは3度焼き殺されても、そのたびによみがえったのだ。

ヴァン神族は仲間の女神に対するこのような仕打ちに猛り立ち、緊張は高まりつづけてついに両神族間で戦争が勃発した。好戦的なアース神族の武力にヴァン神族は魔力で対抗する。だが、ヴァン神族は戦闘で有利になることはあっても、同じくらい損失を出していたようだ。アースガルズの城壁を完全に破壊することに成功したものの、終いには双方とも戦いに倦むよう

❖前ページ──ロキの妻シギュンは、夫とはほぼ正反対の人物のようだ。ロキは神々を欺いてバルドルの命を奪っているが、シギュンは夫を見限っていない。毒が夫の顔にかかるのを防いで、苦痛を軽減しようとしていた。

になった。

　神族間で人質を交換するという解決策
が提案された。ヴァン神族からはニョル
ズとフレイヤ、フレイがアース神族のも
とで暮らすことになった。この衝突の一
切の発端が、フレイヤがアース神族を訪れ
たことにあったという事実は脇に置かれた。そ
れでもこの取り決めのおかげで、両者の争いは
最終的に丸く収まったようだ。アース神族は人
質を手厚く扱い、家族として迎えいれた。

ヴァン神族が人質として得たのは、眉目秀麗なヘーニルと賢者のミーミルだった。この人選もなかなかよいと思われ、ヴァン神族はヘーニルをすぐさま人質の身分から首領に昇格させている。ヘーニルの決断は適切で、はじめのうちは皆を満足させていた。が、それもミーミルの助言に頼りきっているのにヴァン神族が気づくまでだった。ヘーニルはミーミルの意見を聞けば賢明な判断をくだせたが、ミーミルがいなければ何も決められない。

ヴァン神族はそれを見て、アース神族に騙されたと腹を立てた。そしてフレイヤの先例にならい、殺人という生々しい手段で怒りを表明しようとした。ところが首を切られたのはミーミルのほうだった。そしてその首だけがアース神族のもとに送り返されてきたのだ。オーディンは薬草と呪文で首の腐敗を防ぎ、以降ミーミルが助言者として仕えられるようにした。ヘーニルのほうは報復を免れて、ヴァン神族の国で暮らしつづけている。

このかなり強硬な外交抗議にもかかわらず、アース神族とヴァン神族の戦争は再燃しなかった。その代わり両神族は新たな合意に達している。交渉ではアース神族がうまく立ちまわり、統合された2神族で実質的に優位に立った。休戦協定は壺の中に唾を吐くという伝統的な方法でむすばれた。また両神族はその唾を材料にクヴァシルという新しい存在を誕生させている。唾から作られたのにもかかわらず、その名は「発酵ベリージュース」を意味し、クヴァシルの賢さにはだれもおよばなかった。

❖前ページ——アース神族とヴァン神族の戦争による破壊は凄まじかったので、好戦的なアース神族でさえへきえきしていた。その後の和平協定で得をしたのは、ヴァン神族と対等であるはずのアース神族だった。

緊張は高まりつづけ、ついにアース神族とヴァン神族のあいだで戦争が勃発した。

クヴァシルは世界をめぐりながら、必要とあらば全ての者に知恵を授けた。やがてそうするうちに、ドワーフのフィヤラルとガラルの住み処にたどり着いた。するとドワーフたちはクヴァシルを殺してしまい、その血で蜜酒を作った。クヴァシルの膨大な叡智が封じこめられた酒である。この「詩の蜜酒」を口にすると、だれでも知恵がつき学者や吟遊詩人になれた。

この蜜酒があってもドワーフはあまり賢くならなかったようだ。しばらくふたりは、クヴァシルが偉大な知恵のためになぜか窒息してしまったと訴えて、報復を逃れていたが、連続殺人を犯したために注目を集めることになった。最初に巨人のギッリングを溺死させたのは、どうやら殺害のみが目的だったようだ。次

✤右──20世紀初めの北欧神話の挿絵。このような図版がアースガルズの神々にかんする近代の認識を形成している。9世紀のノース人が想像していた神々は、これとは大きく違っていたと思われる。

にギリングの妻を手にかけたのは、泣きわめくのがうっとうしかったからだ。この時は凶器の石臼を巨人女の頭に落としている。

ギリングの息子のスットゥングは、ドワーフが両親を殺害したと考え、復讐に乗りだした。ところがドワーフは、命を助けてくれたら醸造した蜜酒3樽をやろうという。スットゥングは復讐を思いとどまり、蜜酒を娘のグンロズに渡して見張りをさせた。

❖上——中世に描かれたバウギが、山腹に穴をあけている。おかげでオーディンは巨人スットゥングの砦に侵入して、詩の蜜酒を手に入れられた。もちろんこの衣装は神話時代のものではない。

オーディンはこの蜜酒のことを聞きつけると、その叡智をわがものにしようとして、スットゥングの兄弟のバウギに助けてもらうことにした。とはいっても、バウギが快く手を貸してくれるとは思えないので、策略をめぐらしている。まずはバウギの働き手9人を騙して、ふとしたことから大鎌で殺しあうよう仕向けた。そうしてからバウギに、自分は季節労働者で9人分の仕事ができると売りこんだ。急にこのような働き手が必要になったバウギは、変装したオーディンを雇った。オーディンは約束どおりひとシーズンずっと9人分の仕事をこなしていた。

こうなるとバウギも、当初の約束どおりにオーディンが蜜酒を手に入れる手助けをせざるをえない。スットゥングの砦のすぐ近くまでオーディンを連れていき、自分で山腹に穴をあけている。オーディンは蛇に姿を変えるとその穴に潜りこみ、今度は若者に変身した。そしてその姿でグンロズを誘惑して3晩満足させ、その見返りに蜜酒をひと晩にひと口ずつ飲むことを許された。ところがオーディンの3口というのはとんでもない量だったので、3樽全部が空になった。

　その後オーディンは鷲に姿を変えて逃げ、同じように鷲になったスットゥングの追跡を振り切ってアースガルズにたどり着き、蜜酒を用意された容器に吐き戻した。鷲だったときにくちばしからしたたり落ちた蜜酒の一部はミズガルズに降り注ぎ、人間の詩人と学者になる者にひらめきをもたらした。このように、ミズガルズでスカルド詩人、吟遊詩人、法の制定者が誕生したルーツは、ふたつの神族の天上の対立にまでさかのぼるのである。

神々の宝物

北欧の神々のほとんどの宝物は、ロキの悪戯の副産物である。いうなればロキは、仲間の神の逆鱗に触れることをしでかしたときに、難を逃れる方策として神々の宝を入手しているのだ。ロキは、トールの妻シヴの美しい金髪を刈りあげるという、大それた悪戯をしている。この事件を直接的・間接的なきっかけにして、大半の宝物は生まれている。ロキがなぜそんなことを面白いと考えたのか、またそれでも許されると思ったのかはよくわからない。だが、この神は自分の行動の

結果をあまり気にするタイプではなかった。

　トールの自慢は度が過ぎたので、折に触れてそれが
ロキの癪に障ったのはまちがいない。シヴが眠ってい
るあいだに髪を切り、丸坊主にしてしまったのは、
トールが妻の髪の美しさを吹聴したことへの意趣返し
だったのかもしれないのだ。理由はどうあれ、ロキの
仕打ちを見たトールは当然激怒して復讐を誓った。ロ
キはシヴの髪の代わりになるものを見つけるか、袋叩
きの目に遭うかの選択を迫られ、ドワーフの国ニダ
ヴェリール(またはスヴァルトアールヴヘイム。物語によって
ふたつの名前が同じ意味で使われる)に旅立った。ここでロ
キは、イーヴァルディの息子ふたりを説得して協力を
取りつける。

　イーヴァルディのふたりの息子は、魔
法の金髪のカツラを作った。これをシヴ
がかぶると地毛と変わりなく毛が伸びる

> トールは妻シヴの髪を切り落と
> したロキに復讐を誓った。

ようになる。それからついでにスキーズブラズニルと
いう全ての神を乗せられる船を造った。ところがこの
船は畳んで袋に入れてもち運べるのだ。この船はフレ
イに進呈することにして、オーディンには絶対に的を
はずさない槍のグングニルをこしらえた。

　ロキは感心して、このふたりのドワーフほど腕のい
い鍛冶屋はいないと公言した。ロキがほかのドワーフ
の鍛冶屋に聞こえるところでわざとそういったのか、
あるいは単に次に起こったことに乗じただけなのかは
ともかく、たしかにその言葉はドワーフのブロックと
エイトリ(シンドリという説もある)兄弟の耳に届いた。も
ちろんふたりはそれに異議を唱えた。お主が手に入れ
た宝物などより、優れたものを3点作ってみせるわ。

❖右──ドワーフの工匠。どんな魔法の宝物でも作れたので、シヴの金髪の代わりが必要になったときにロキが頼ったのもドワーフだった。神々はこの悪ふざけのおかげで、ほかにもいくつか魔法の宝物を手に入れておおいに得をした。

ロキとのあいだで賭けが成立し、負けた者は頭を失うことになった。

　エイトリが鍛冶場の炉で仕事に取りかかると、ブロックがふいごで風を送った。ロキはもちろんその邪魔をしようとする。ハエに姿を変えてブロックにうるさくつきまとい刺した。それでもブロックが自分の仕事を全うしたので、エイトリは素晴らしい宝物2点を完成させた。フレイには黄金の牡豚グッディンブルスティ、オーディンには魔法の腕環ドラウプニルを作った。この腕環からは9夜ごとにまったく同じ腕環が8個

したたり落ちる。

　ロキが賭けに負けそうな雲行きだった。そうなれば頭を失うことになるので、ロキはなおさらブロックの気を散らそうとする。ドワーフの目の近くを刺して、血を拭うためにふいごを押す手を一瞬止めさせた。これでじゅうぶんエイトリの作業の妨げになった。エイトリはこの時トールのためにミョルニルという槌を仕上げていた。炉から出された槌はそれでも魔力を帯びていたが、柄の長さが意図した長さより大幅に短くなっていた。

　このドワーフ兄弟はロキとともにアースガルズにやって来た。ふたりが神々への贈り物を差しだすと、神々はブロックとエイトリの作った宝物のほうが、イーヴァルディの息子たちの作ったものよりまちがいなく優れていると裁定をくだした。ロキが賭けに負け、ブロックはその頭を切り落とす権利を得た。必死で逃げまわるロキ。それをトールが追いかけて裁きの場に連れ戻す。この期におよんでもロキは運命を回避できた。自分は頭を賭けたが、ブロックは首まで自分のものにする権利はないのだから切り落とせない、というのだ。神々はその言い分を認めた。だがブロックはロキの頭が自分のものなら、少なくとも口を縫いあわせることはできるはずだと反論した。ブロックはそうすると、アースガルズをあとにした。

ロキは賭けに負けても屁理屈をこねて、またもや死なずにすんだ。

オーディンの宝物

北欧神話にも異説があり、オーディンの使う槍のグングニルは、ロキがシヴの髪の毛になるものを探しに

いったときに製作されたという説、また槍はすでにできており、ロキが神々への追加の贈り物として所望したとする説がある。いずれにせよ、「揺れ動くもの」を意味するグングニルは、世界樹ユグドラシルのトネリコ材から作られているといわれる。オーディンは柄[穂先という説もある]にルーン文字を刻んで、自分でも魔力を付与していた。

グングニルは非常によくできた槍で、熟達していない者が投げても命中した。これはオーディンがアース神族とヴァン神族の戦争勃発時に投げた槍だったかもしれないし、そうではなかったのかもしれない。この槍はだれにも当たっていないが、ヴァン神族軍の頭上を飛んでいったと記録されている。この行為は伝統となった。戦闘開始時に投げられた槍が、戦いの行方を占ったのである。

オーディンの魔法の腕環ドラウプニルはドワーフの作で、9夜ごとにこの腕環からまったく同じ腕環8個がしたたり落ちる。バルドルの葬儀の際は、ノース人が弔いて副葬品を添えた風習そのままに、この貴重な品が遺体の上に置かれた。

トールの宝物

槌のミョルニル(稲妻)は、欠点はありながらもトールのイメージについてまわった。ミョルニルは有用な武器とされた。片手使いが可能で、トールが肌着の下に隠して運べるほど小さくなる。投げては一発必中で、手に戻ってこられないほど遠くまでは飛んでいかない。ある冒険物語では、標的に当たって地面に落ちたとしても、魔力でトールの手に戻っている。また、槌を放

り投げると、槌に引っぱられて空を飛ぶことができた。その詳細は例によってかなり曖昧だ。移動するにしても、おそらくあまり威厳のない方法だったからだろう。

　ミョルニルを振るうためには、凄まじい力が必要だった。トールでさえ、鉄の手袋ヤールングレイプルと力を増強する力帯メギンギョルズの魔力に助けられなければ使いこなせない。そうしたもののおかげで、この槌で強打すれば粉砕できないものはほとんどなかった。もっとも冒険物語ではトールが失敗した例が伝えられているが。

　トールはまた魔法の戦車をもっており、山羊のタングリスニルとタングニョーストに引かせていた。この山羊は殺して食べても毎晩復活する。ひと晩皮の中に骨を入れておくと、翌日には生き返っているのだ。トールが農民のもてなしを受けてその家族にも山羊の肉をふるまったとき、片方の山羊はおかしな歩き方をするようになった。夜になってまだ腹を空かせていた農民の息子が、髄をしゃぶるために片脚の骨を砕いたので、山羊はずっと足を引きずるようになったのだ。トールは罰としてこの不届き者と妹を自分の召使いにした。

フレイヤの宝物

女神フレイヤは戦車を猫に引かせていた。描写されて

❖上──槌の形をしたお守りなどの品は、トールや北欧の一般的な宗教のシンボルだった。キリスト教が伝来したあとも、多くのノース人が十字架に見立てた槌の護符を身に着けていた。

いる猫の毛色はたいてい灰色か黒。このことはフレイヤの絶大な影響力をそれとなく示しているといわれる。何匹もの猫がバラバラにならないように、御して長いあいだ戦車を引かせられるとしたら、たしかに大した力ではないか！　それはさておき、フレイヤには別の移動手段もあった。

フレイヤはヒルディスヴィーニという牡豚にも乗っていたのだ。この聖獣は変身したフレイヤの人間の愛人だといわれる。そのほかにも鷹の羽衣をもっており、これを身に着けると世界を股にかけて飛ぶことができた。この羽衣をほかの神が借りることもあった。

フレイヤの心を何よりとらえた宝物は、ブリーシンガメンという首飾りだった。また、だからこそ大きな厄介事の種にもなっている。フレイヤは洞窟の中でたまたま4人のドワーフ工匠がこれを作っているところに出くわして、手に入れた。美しいものに目がない女神は、もちろんそれがほしくてたまらない。ドワーフはどんなに黄金をやるといわれても首を縦にふらなかったが、フレイヤが4人それぞれと1夜をともにすることを条件に、首飾りを渡す約束をした。フレイヤはそのとおりにしたが、ロキに知られてしまう。ロキはすぐさ

❖下──フレイヤは、戦車だけでなく魔法の牡豚に乗って移動することができた。鷹の羽衣は自分で使うより貸すほうが多かったようだ。物語の中で神々がほかの世界に急ぐ必要がある場面で、この羽衣が何度も登場する。

まオーディンのもとに行き、フレイヤの行状を告げ口した。

　オーディンは眉をつり上げた。もっともこの神の正妻の名はフリッグで、フレイヤでないことを考えると興味深いことではあるが。これは北欧神話でフリッグとフレイヤが混同されている一例のようだ。それはともかく、ロキはオーディンに命じられて、フレイヤが眠っているあいだに首飾りを手に入れた。ところがロキはそれをオーディンに渡さない。かたや大事な首飾

✿左──首飾りをするフレイヤ。このブリーシンガメンという首飾りにかかわる者には必ず問題が起こり、それが無限に続いているようだ。ここで注目されるのは、ロキがそれを盗んでアザラシに化けて逃げたとき、ロキの宿敵ヘイムダルが捜索を命じられたことだ。

りがなくなって取り乱したフレイヤはオーディンに会いにいき、取り戻すために力を貸してください、と頼みこんだ。いまではフレイヤにもロキにも腹を立てているオーディンは、お前がミズガルズで戦争を勃発させるのならよかろう、と承諾する。

その言葉通りになると、オーディンはロキに好意をもっていないヘイムダルにあとを追わせた。ロキはアザラシに姿を変えていたので、ヘイムダルも同じ姿になって対決した。この時はヘイムダルに軍配が上がり、ロキは首飾りとともにアースガルズに送り返されている。

その他の宝物

ビヴロストの橋の見張り番ヘイムダルは、角笛のギョッルもしくはギャラルホルンをもっており、剣のフウヴズ（「頭」の意）で武装していた。ヘイムダルと相討ちになるロキは、レーヴァティンという剣を帯びているが、これはただ「剣」を意味するケニングかもしれない。さまざまな物語でほかの剣も同じ名前で呼ばれているからだ。サガでは人間も多くの魔剣を振るっている。またそうした剣を、神々が使用したものとする話も伝えられている。

ほかにも似たような宝物は存在する。ドラウプニルだけでなく、別の黄金の指環もまったく同じ指環を産み落とした。アンドヴァラナウトと呼ばれ、ドラウプニルとは違って呪われていた。もともとの所有者はドワーフのアンドヴァリだったが、ロキに脅し取られたのでその腹いせに呪いをかけたのだ。が、すぐにロキがほかの者に渡したために、大変な騒ぎになった。ド

北欧神話には「ケニング（婉曲）代称法」が使われており、これが神話にまつわる多くの混乱の原因になっている。表現力豊かな数語または句で、簡単なひと言の代わりに用いられ、物語のドラマ性や文学的な豊かさを高める一方で、事実関係を混乱させることもある。

船を「海の馬」と表現するなど、ケニングの中にもわかりやすい例はある。だがそうでないものは直観的にはピンと来ない。「黄金の敵」であるのは、気前のよい者、または貪欲でない者といった具合だ。実に不可解な表現もある。たとえばグレイプというのは特定の女巨人の名だ。巨人シャツィが女神イズンをさらった物語では、ケニングを用いてシャツィはグレイプの求愛者の息子であると説明されている。となれば

シャツィはグレイプと血縁関係があると解釈できる。だがおそらくそうではない。このケニングは実にややこしくて、ありえるのは、グレイプはどの女巨人にも適用される総称だということだ。となると「グレイプの求愛者」も特定の巨人ではなくなる。したがってこのケニングで婉曲に表現されているのは、シャツィが巨人だということだけなのだ。

この手の文学的表現の難解さのために、だれが物語の主人公で何をテーマにしているのかでも混乱が生じる。たとえばある英雄もしくは神が剣を手にしているとして、「ベン＝グレヴィル」（傷つける鍬）がその剣の名前なのか、それともただ「剣」を表すケニングなのかで頭を抱えることになったりするのだ。

ワーフのファーヴニルが指環に目がくらんで父親（ドワーフ王のフレイズマル）を殺害し、その後指環を守る竜になってしまうのだ。呼び名は異なるが、ワグナーの楽劇『ニーベルングの指環』に登場する指環は、このアンドヴァラナウトである。

魔法の道具の中には、神宝というより問題の解決策として用いられたものもある。魔法のロープもしくは鎖のグレイプニルもそのひとつだ。神々は狼の怪物フェンリルを縛る必要があると考えたが、普通の鎖では強度に不安がある。そこでドワーフの工匠に、さまざまな不思議な材料で魔法の紐を作らせた。猫の足音、女のひげ、山の根っこ、熊の腱、鳥の唾、魚の息と

いったものだ。このグレイプニル（詐欺師）という紐は縛れないものがなかったために、フェンリルをずっと縛りつけていた。が、ついにラグナロクの日が近づくとフェンリルはこの紐を引きちぎり、自分を縛った者に復讐を果たそうとする。

　そのほかにも魔法の「宝物」はあるが、その多くが本物の生き物とその遺骸だった。ミーミルの首はオーディンに助言した。魔獣はヴァルホルの戦士に栄養を与え、ユグドラシルは根の近くの魔法の泉に水を補充

する。こうした生き物や存在は、神々が使用する無生
物の道具と劣らない恩恵をもたらすために、北欧神話
の宇宙においては魔法の宝物と考えてよいと思われる。

第3章

巨人族

北欧神話の世界には人間と神々にくわえて、多彩な生き物が住んでいる。

怪物、自然の力の化身、強大な力をもつ超自然的な存在。

かといえば巨人族_{ヨトゥン}のように、神とよく似ていて

神とのあいだに子供をもうけられる存在もいた。

実のところ多くの神の少なくとも片方の親は巨人で、場合によっては

巨人と神の区別が血統ではなく、神聖性もしくは

社会的な基準に置かれることもあったようなのだ。

アース神族またはヴァン神族の一員として受けいれられた者は、血統に関係なく神になった。ゆえにロキは混じりっけなしの巨人だったが、神と義理の間柄になったことから神と認められている。おそらくロキはバルドルを殺して岩窟で監禁されたあと（またはそのあいだに）巨人に戻ったのだろう。ただし、ロキは一般的に神と考えられている。その一方で、巨人は通常神のものとみなされる役割を果たしていても、巨人と呼ばれるのだ。

✿前ページ──魔狼フェンリル。父親はロキで、母親は女巨人アングルボザ。凄まじい力をもち狂暴だったため、神々はグレイプニルという魔法の紐で縛る必要があると考えた。

❖右──ワグナーの『ニーベルングの指環』の1場面。巨人の兄弟ファーフナー（ファーヴニル）とファーゾルトが黄金の分け前をめぐって争っている。その中にはこの楽劇の題である呪われた指環もある。ファーフナーはファーゾルトをこん棒で撲殺したあと、竜と化して財宝の番人となった。

　ここに着眼点がある。巨人が巨人と呼ばれるとき、巨人の役割が関連しているのは人間ではなく、自然界や自然の力なのだ。たとえば海の主エーギルと妻のラーンは巨人だ。ヴァン神のニョルズは航海、つまりは海での人間の活動をとり仕切る。したがって巨人は自然界を象徴するのに対し、神は世界での人間の営みとかかわっていることになる。自然が破壊的な力をふるったときに非難されるのは一般的に巨人だった。強

風、濃霧などの厳しい自然条件は巨人のせいになる。
何しろ巨人がくしゃみをしただけで地震になるのだ。

巨人族

ヨトゥンjötunn（複数形はヨトナーjötnar）は一般的に「巨
人」と訳されるが、この言葉は「むさぼり喰う者」に近
い意味をもつ。つまりは敵対的で有害な生き物だとい
うことだ。だが巨人の中にも、神と結婚して子をもう
けるほど神と良好な関係にあった者もいたようだ。そ
れ以外にも非常に温和で、少なくともアース神族と
ヴァン神族のいずれとも争った記録がない巨人も存在
する。

❖巨人族の分類

　巨人族の種類はさまざまだが、必ずしも
明確には区別されていない。この記述に出
てくる巨人の種類は何かと、頭を悩ませる
こともしばしばだ。またたいていそれでも
大した問題ではない。そうであるなら、祖
先にもとづいて単純に火の巨人と霜の巨人
に分けるより、神々との関係性やどの物語
に登場するかで分類したほうがよさそうだ。
ただし場合によっては、巨人の生まれもっ
た性質が、こうした交流の形を決めること
もある。たとえば火の巨人とされている者
は、神々に必ず敵意をいだいているようだ。
　後期の北欧（スカンディナビア）神話では、
巨人族と同じ意味をもつ言葉として「ト
ロール」が多少なりとも使われているが、
アングロ＝サクソン人の物語で巨人は「エ
ティン」と呼ばれている。名前の変化も

あった。英語にあてはめたためでもあるし、
北欧神話が文字にされたのが、キリスト教
への改宗から数百年後だったためでもある。

❖上──「トロール」という言葉ははじめ巨人族
（ヨトゥン）を指していた。キリスト教が伝来
したあと、伝説のトロールは徐々に別の存在
と考えられるようになり、力はあるが、多く
の場合低能な生き物とされた。

巨人は火と寒さのどちらと関連するかで2種類に分かれる。フリームスルス、つまり霜の巨人は氷の国ニヴルヘイムを故郷とするが、その多くがのちにヨトゥンヘイムに住みついている。一般的に氷や寒さ、僻地とかかわりがあるが、なかには穏やかな気候の土地に住んでいたと思われる者もいる。火の巨人エルドヨトゥンは、火の国ムスペルヘイムで誕生しており、ムスペルスメギル、つまりは「ムスペルヘイムの息子」とも呼ばれる。

巨人といっても、外見にはかなりの違いがある。神の妻（まれには夫）に望まれるほどの美女美男もいる。かと思えば図体の大きい者、異形の者、あるいは完全な怪物もいる。蛇のヨルムンガンドと9つの首をもつスリーヴァルディといった生き物は、人間に近い外見をもつ巨人のラーン、あるいはスルトとさえ似ても似つかない。それでもその全てが同じ分類に属すのだ。巨人族を種族もしくは種として考えようとするのは適切ではない。起源と一般的な性質は似かよっているものの、巨人族は従来の地上的な意味での科や種族ではなく、神話上の定義で分けられた集団なのである。

原巨人

宇宙創造とそれに続く初期の出来事の物語にしか登場しない巨人がいる。こうした巨人のほとんどが、オーディン兄弟と原巨人ユミルの戦いの中もしくはその後に殺されている。

ユミル

最初の巨人。いやそれどころか、ユミルはあらゆる存

在の中で最初に誕生している可能性が高い。もっとも、火の巨人スルトの物語には、スルトがユミルより先に存在していたと取れる記述もあるが。ともあれ、ユミルは裂け目のギンヌンガガプで火と氷がぶつかった結果生まれている。このギンヌンガガプは魔法とエネルギーの源泉で、あらゆる可能性がその中に潜んでいた。ユミルからはたくさんの巨人が誕生したが、オーディン兄弟がユミルを倒してその体を材料に世界を作ったときに、ほぼ根絶やしになっている。生き残った巨人の中には、初期の神々の妻になった者がいるが、アース神族の祖先はユミルの牛アウズフムラが舐めていた氷から現れた男だった。最初のドワーフはユミルの死体にわいたウジ虫から生まれている。神々は世界をユミルの肉と髪の毛から創造した。もちろん木もそうで、神々は木から人間を作っているので、ユミルは人類の遠い祖先といえなくもない。

♣下──魔牛のアウズフムラ。原巨人ユミルに栄養を与える一方で、自分は氷を舐めて栄養を摂っていた。舐めていた氷の中から、最初のアース神のブーリが姿を現している。

ベストラと兄弟

　女巨人ベストラの父は巨人ボルソルンで、ボルソルンはユミルのそう遠くない子孫だったようだ。ベストラは、アース神族の2代目にあたるボルと結婚し、オーディン、ヴィリ、ヴェーという3人の息子を産んだ。ベストラには兄がひとりいたが、登場する唯一の物語でその名は明かされていない。この名無しの伯父がオーディンに9つの魔法の歌を教えた。北欧の伝統社会で、若者に武器の扱いを教えたのはたいていおじか父親の友人だった。魔法はふつう女の領域と考えられていたが、おじの個人教師としての役割はたしかに伝統的な価値観に沿っている。この謎の伯父がミーミルだったという説がある。ミーミルは神とも巨人ともいわれている。オーディンのおじが本当にミーミルなら、巨人でありながらアース神族に受けいれられて神として認められ、その後人質交換でヴァン神族のもとに送りだされたあと、ヴァン神族に殺されたことになる。ミーミルが首になって戻ってきたとき、オーディンは悲嘆に暮れただろうが、ヴァン神族とアース神族の戦争は再燃しなかった。

ベルゲルミルと妻

巨人ベルゲルミルの父はスルーズゲルミル、祖父はアウルゲルミルだ。アウルゲルミルはユミルの別名と思

❖上──巨人族の大半は、幸いなことに日光への耐性をつけて地表で暮らしていたようだ。だが中にはドワーフの一部と共通する特徴をもつ者もいた。日光を浴びると石になることもあったのだ。

われるので、ベルゲルミルはごく初期の巨人になる。ベルゲルミルと妻は、ユミルが殺されたあとの血の大洪水をしのいで生き残った。その顛末を伝える話がいく通りかある。

　その中でベルゲルミルは、大人の巨人だったり小さな子供だったりする。ベルゲルミルを乗せて運んだものは、ゆりかご、刳り丸太、箱、櫃などさまざまだ。年代記作家はキリスト教の大洪水のエピソードを刷りこまれているために、ベルゲルミルと妻の物語を明らかにねじ曲げている。もともとの物語はまるっきり違っていたかもしれないのに、この巨人をノアに似た人物に仕立てようとしているのだ。

　それはともかく、ベルゲルミルと妻は洪水のために遠方まで流されたが、ほかの霜の巨人は残らず洪水に飲まれてしまった。新天地に到達したふたりは、まったく新しい巨人族の始祖となる。おそらくは6つ頭の巨人であるスルーズゲルミルは、ユミルの左右の脚（異伝では足）の交わりで産まれているようだが、親であるユミルが殺害されたときに、その血の洪水で溺死している。

ムスペルヘイムは火の巨人の国だった。この巨人が神々を敵視し滅亡を企んでいる。

火の巨人
_{エルドヨトゥン}

巨人の中で火の巨人と特定される者は稀少だ。つまりはこういうことだろう。神々が出会った巨人の大半は原初の霜の巨人の子孫であり、火の国ムスペルヘイムに潜伏していた火の巨人は、この国から一斉に飛びだして世界を崩壊させるチャンスをうかがっていたので、その時まで神々との交流はないに等しかったのだ。

あるいは、火の巨人の一部がヨトゥンヘイムに移り住み、しばらくすると火の巨人と霜の巨人の区別がさほど重要でなくなったのかもしれない。巨人エーギルはアースガルズで暮らしており、神々と親しくしていた。エーギルの父は、ある神話文献では火の巨人フォルニョートだといわれている。もしそうなら、多くの霜の巨人が神々と友好的、あるいは少なくとも中立的な関係をもとうとしていたのとそう変わりなく、火の巨人も必ずしも神々を敵視したのではなかったのだ（なかにはそういう者もいただろうが）。

スルト

ムスペルヘイムの支配者で、火の巨人の首領。その真っ黒な姿から、スルトという名はよく「黒」の意味にとられている。スルトにどのような祖先がいるかはわからない。ムスペルヘイムは北欧の宇宙の中で最初にできた陸地で、ニヴルヘイムより古い。そしてスルトはつねにそこにいたようなのだ。スルトをはじめとする火の巨人は、出現したユミルの子供と交流したが、双方の始祖は、不明ながら異なっていたようだ。

　ムスペルヘイムはここで生まれた者でなければ入れなかったという。だがスルトはそれでも国境を侵入者から守っており、ラグナロクでアースガルズに攻め入る直前まで警備していた。ラグナロクでスルトは、武器である炎の剣でフレイをなぎ倒し、アースガルズのみならずユグドラシルにも火を放った。スルトのつけた火で、世界は焼き尽くされ壊滅した。

　ムスペルヘイムが火の国だったのは、そもそもスルトのせいだったともいわれている。スルトが炎の剣で

火を燃えさからせたのだと。その論理からすると、スルトはユミルより先に誕生し、宇宙の誕生から終わりまで存在していたことになる。火山と関連づけられているのもうなずける。アイスランドに住みついたノース人は、時たま火山が爆発したり噴煙をあげたりすると、スルトの力を思いだしたのだろう。その影響力は現代にまでおよんでいる。1963–1967年に、アイスランドで海底火山の噴火によって新島ができたときも、当然のごとくスルツエイ（スルトの島）と名づけられている。

　スルトにはシンモラという妻がいたようだ。この妻がいたという根拠は乏しく、「シンモラ」という言葉を名前として解釈しないと意味がとれない1節がもっぱら拠り所となっている。シンモラはレーヴァティンという武器の守護者であると記されているが、剣や魔法の杖、あるいはまったく異なるもののケニングである可能性もある。

✤上──火の巨人スルト。ラグナロクで世界を炎上させ最終的な滅亡をもたらす。注目すべきなのは、スルトが戦った相手が主神のオーディンではなく、豊穣と生命の神フレイだったことだ。

ロギ

「ハロギ」と呼ばれることもある。火の巨人フォルニョートの息子。ヨトゥンヘイムにあるウートガルザ＝ロキ（スクリューミル）の城砦、ウートガルズに少なくともしばらく住んでいた。ここでロギはウートガルザ

＝ロキに味方して、ロキとトールをたぶらかしている。神々はウートガルザ＝ロキからさまざまな技くらべを挑まれた。ロキがロギと競ったのは早食いだった。ロキは精一杯頑張り、敵と互角の勢いで肉を掻きこんだが、ロギの正体は鬼火だったので敵うわけがない。ロギは敵と同じ速さで肉を食べたが、骨にくわえて肉の載っていた木皿まで平らげていた。ロギの妻は巨人女グロズで、ふたりのあいだにはエイサとエミュリャという娘がいた。この女巨人3人の名前は残り火と関連がある。

オーディンとかかわりの深い巨人

オーディンはアース神（父親のボル）と巨人のハーフである。母親のベストラの父親は原初期の巨人ボルソルンだった。オーディンは女神フリッグを伴侶にしたが、ほかにも深い仲になった相手に子を産ませている。なかでも重要なのが女巨人ヨルズだ。ヨルズはトールの母親で、フィヨルギュンともフロージュンとも呼ばれる。

　ヨルズは大地との関連が深く、その家系は誉れ高い。父親はアンナルで母親は「夜」を意味するノート（またはノット）。ノートの夫となった者は3人おり、それぞれとのあいだにヨルズ、ダグ（昼）、アウズ（繁栄）と

いう子がいた。ヨルズの大地とのかかわり方は素朴だ。自然の力や状態を、巨人である彼女がそのまま体現しているのだ。ところが大地を司る女神の場合は、農業や豊穣、つまり大地と関係のある人間の活動を庇護する性格が強い。

ノートはこの世に誕生した最初期の巨人、ナルヴィ（ノルヴィ）の娘で、ダグ（昼）の母親だった。ノートとダグはそれぞれ魔馬の引く馬車に乗って、ヨルズの姿に擬人化される世界を永遠にめぐっている。スノッリ・スツルソンは、ノートにはアウズ（繁栄）という名の第3子がいたと伝えているが、その言葉以外に裏づけはない。仮にアウズが存在していたとしたら、トールの叔父にあたる。アウズの父親は巨人ナグルファリだとされている。

オーディンはリンドとのあいだにも子をもうけている。リンドは時として人間または女神として名をあげられるが、おそらく巨人だったのだろう。巨人のリンドは、オーディンの子ヴァーリを産んだ。ヴァーリはバルドルの復讐者として知られている。この物語には眉をひそめさせる異説がある。リンドは人間の王女リンダで、オーディンに凌辱されるのだ。オーディンはその当時バルドル殺しの敵を討とうとしており、予言者の助言でルテニア王に会いに行った。ここで王の娘のリンダに言い寄るが、拒絶される。

❖下──妻のフリッグを裏切りつづけたオーディン。トールの母ヨルズ、詩の蜜酒の見張りをしていたグンロズなど、何人かの女巨人とも関係をもっている。

❖ロキの一族

多くの神話文献によると、ロキの両親は巨人だったが、ロキはオーディンの義兄弟としてアース神族に迎えいれられ、神となっている。ロキの一族を神とする文献もあるが、これはありがちな神と巨人の混同にすぎないだろう。その原因は巨人も神のような力をもっていることにある。

ロキの父親は巨人のファールバウティだ。この名前は「残酷に（または強く、危険に）打つ者」を意味する。ファールバウティは稲妻、ロキは野火との関連が深い。このことの神話的な意味はほとんど忘れられている。だが、原初の北欧社会にあった古い神話では、稲妻に打たれて可燃性の天然物質が燃えだしたエピソードが語られたのだろう。そうした天然物質の代表的なものがラウヴェイ（木の葉）もしくはナール（松葉）だった。ロキの母親がラウヴェイともナールともいわれるのは、どちらが本当の母親かを知る者がいないだけで、事情が込み入っているせいではなさそうだ。

ロキにはヘルブリンディとビューレイストという兄弟がおり、ケニングでは「ビューレイストの兄弟」と表現される。だからといってこのふたりがロキと同じ父親（あるいはロキの母親といわれるどちらかの女巨人）の息子だったとはかぎらない。ただ普通ならそのように推察できるが。

するとオーディンは魔法でリンダを錯乱させてから、ヴェカという女の医者もしくは占い師に化けた。リンダの具合はどうだ、と父王から尋ねられるとヴェカは、正気を取り戻す治療では患者が暴れるので、王女をしばらく寝台に縛りつけたほうがよいでしょう、と忠告する。オーディンはその間にリンダを襲い、リンダはしばらくするとボーウスという子を産んだ。この話では予言者の言葉どおり、ボーウスがバルドルの復讐を果たしている。

嵐の巨人

巨人の中でも嵐や悪天候とかかわりの深い者は、嵐の巨人と呼ばれることがある。火と霜のどちらの巨人の系統なのか、あるいはあとになってほかの系統から出

現したのかは不明だ。嵐の巨人には、ロキの兄弟ビューレイスト、そして大富豪の巨人オルヴァルディがいる。オルヴァルディにはガング、イジ、シャツィという3人の息子がいた。

　オルヴァルディが没したとき、3人の息子は莫大な財産を分ける斬新な方法を思いついた。黄金があまりにも大量で数えきれなかったために、代わる代わる口に詰めこんで、全ての黄金を均等に分けたのだ。おかげでこのような巨人の話や言葉を黄金や富の同義語とするケニングが生まれている。

　ガングとイジは北欧神話の中ではこれといって目立っていないが、シャツィは違う。鷲に変身できて、食べ物を焼きあがらせない魔法も使えたようだ。シャツィはこの能力を使いロキに枝で自分を襲わせたので、この問題児の神を枝ごともちあげて、女神イズンと彼女の魔法の果実をさらってくる、と約束させることができた。その後イズンが救出されると、女神を追いかけたシャツィは、神々の放った火で焼け死んでいる。

スカジ（スカシ）

北欧神話でスカジは女神とされて、冬の神としての役割を担うこともある。優れた狩人で、スケートとスキーが達者だった。父親のシャツィが死を遂げたあとは、復讐を果たそうとしている。神々はスカジをなだめるために、償いとして神ニョルズと結婚させた。ところがどちらも相手の住居が不満で結婚生活は続かず、スカジは山の自分の家に戻ってしまった。神々との関係はその後も友好的だったようだ。スカジがオーディンの子供を産んだとしている異話もあるくらいだ。ま

たスカジは、ロキを罰する場面でもひと役買っている。ロキの頭上に蛇をむすびつけ、焼けるような毒を顔にしたたらせているのだ。

アースガルズの巨人

アースガルズでは3人の巨人が暮らしている。その中にたまに神と呼ばれる者がいるのは、住んでいる場所のためだろう。それどころか3人のうちロキは神で、オーディンの義兄弟としてアース神族に迎えいれられている。ほかのふたりは巨人で、神になることはなかった。カルルはロキもしくはエーギルの兄弟とされたりするが、このことについては議論の余地がある。カルルが北欧神話の中で果たす役割は、ロキやエーギルとくらべるとはるかに小さい。

エーギルとラーン

巨人の夫婦エーギルとラーンは、海と密接につながっている。北欧神話のいくつかの物語に登場し、神々とはかなり良好な関係にあったようだ。エーギル（大洋）は、豊かな海を象徴していた。海は交易を促進し食料源となる。この巨人はよく神々を招いて大宴会を催した。海とゆかりの深い巨人ではなく、海神とされることがあるのは、おそらくアースガルズで暮らしていたためだろう。

　ラーン（略奪者）は海のもたらす危険を象徴していた。チャンスとあらば船乗りを網で捕らえて溺れさせる。またそのために、北欧のパンテオンでは死の女神のような役割もしていた。海で溺死した者はラーンのものになり、ヘルヘイムにもフォールクヴァングにもヴァ

ルホルにも行かない。ロキは
ラーンの網を借りて、魚に変
身できるドワーフのアンド
ヴァリを捕らえている。

　エーギルとラーンは巨人で
はなく神と呼ばれることがあ
る。たしかに神の役割を果た
し神々とうまくつき合っては
いるが、どちらであるかは神
話文献によって異なる。ふた
りには9人の娘がおり、その
うち7人の名はブローズグハッダ、ビュルギャ、
ドゥーヴァ、ヘヴリング、ヒミングレーヴァ、フロン、
コールガ。あとのふたりは史料によって名前が違う。
ドゥロヴンはバーラ、ウズはウンだったりする。

　エーギルとラーンの娘の名は、海の波を表していた。
一説には、この9人がヘイムダルの母親だったといわ
れている。となればヘイムダルが9人姉妹の子供だと
いう主張と一致するが、ほかの史料であげられている
巨人の母親の名前は、エーギルとラーンの娘の名前と
は異なっている。

ロキの子供

ロキの妻シグュンについては、夫へのひたむきな献身
ぶりを除いてほとんど知られていない。この夫婦のあ
いだには少なくともふたりの子供がいた。なかでもナ
ルヴィとヴァーリは、神々のあいだで目立たない存在
だったようだ。このふたりはバルドルの殺害までほと
んど取りあげられず、いざその時になると厄介な運命

❖上──巨人のエーギル。
移動の経路となり食料をも
たらす豊穣の海の象徴。
神々には気前がよくかなり
友好的で、アースガルズで
住居を構えていた。ところ
が、ほかの巨人がこの国に
侵入しようものなら、たい
てい苛烈な手段で阻まれた
のだ。
❖前ページ──和解の条件の
ひとつとして神ニョルズと
結婚した女巨人スカジ。こ
のケースは異例中の異例
だった。男神が女巨人をめ
とるのは珍しくないが、女
巨人に男神を選ばせるのは
どうやら論外とされていた
ようなのだ。

にみまわれる。ヴァーリはアースガルズから追放され
たが、その後追いつめられて捕まった。この出来事は
北欧の伝統社会の法的放逐と重なる。放逐の期間は一
時的であったり永久だったりした。いずれにせよアウ
トローには法的保護は一切ない。暴力で決着をつけよ
うとする者に殺害されたとしても、加害者に処罰はく
だらないのだ。

　ヴァーリは神々に捕まったあと狼に変えられ、兄弟
のナルヴィに襲いかかってズタズタに引き裂いた。そ
のナルヴィの腸を使って、ロキは岩窟の3つの岩に縛
りつけられている。この腸は固定されるとたちまち鉄
に変わり、長年ロキを抑えつけた。ロキは最後によう
やくその捕縛を引きちぎり、ラグナロクを引き起こす。
ロキの妻は、スカジが夫の頭上にむすびつけた蛇から、
毒がその顔にしたたり落ちないようたらいで受けてい

ロキは別の女巨人とも子をもうけている（しかも奇妙なことにロキ自身が馬を産んだりもしている）。この女巨人のアングルボザという名は、「悲しみ（または悲嘆）をもたらす者」を意味する。神々はこうした子供たちが深刻な問題を起こすのを、じゅうぶん予想して警戒していた。またその予想は的中している。アングルボザとロキの怪物の子供たちは巨人で、強大な力をもつ存在になった。だがそのひとりのヘルは女神に近い存在とみなされ、9世界の死者を支配する国を与えられている。一般的にヘルはアース神族やヴァン神族とほぼ変わらず、人間のような姿に描かれている。その一方で、有名なふたりの兄のヨルムンガンドとフェンリルは、人間とは似ても似つかない。フェンリルは獰猛な狼で、神々に騙されて拘束されるとテュールの手を噛みちぎった。

た。だが、その代わりにどうして蛇をほかの場所に移さなかったのかがわからない。

ヘル

よくわからない人物で、そもそもどのような存在であったかという議論に結論が出ていない。スノッリ・スツルソンによると、ヘルは巨人か女神だった。あるいは両方だったのかもしれない。父はロキで、母は女巨人のアングルボザだった。だがスツルソンは何食わぬ顔で細部を捏造して、わずかながらも神話の体裁を整えようとしている。

ヘルは9つの世界の全ての死者を支配しており、ヘルヘイムという国を統治していた。この国はヘルと呼ばれることもある。そうなると「ヘル」といっても、それが女神か女神の国かで混乱が起こりえる。だが、死者の女神がいるところに死者はいたのだから、どの道違いはないのだ。

ヘルヘイムの所在ははっきりしていない。多くの場

合ニヴルヘイムとは切り離された世界として描かれているが、ニヴルヘイムの中にあったとする史料も少なくない。ニヴルヘイムの中に本当にあったなら、ヘルヘイムは高い壁でほかの領域と隔てられていたのだ。そうなるとニヴルヘイムに生息する竜のニーズホッグが、ユグドラシルの根のそばで死体をかじり血をすすっている構図が無理なくあてはまる。ニーズホッグはヘルヘイムの特定の場所、つまり「死者の岸」ナーストロンドに送られた死体しか苛めないことになっているのだ。

　ナーストロンドとニーズホッグによる責め苦は、極悪人のために用意されていた。つまり北欧社会に重大な損害を与えた犯罪者である。殺人者、姦通者、誓いを破った者などがそれにあたる。こうした罪を犯した者のための特定の場所がヘルヘイムにあるという考えは、後世のキリスト教徒の創作だろう。そうなるとナーストロンドも、あとから神話につけくわえられたのかもしれない。それでも、ヘルと思しき女神もしくは存在は、民族移動時代(5-8世紀)の貴金属装身具にかたどられている。そのため、キリスト教徒の学者であるスツルソンがエッダを書くはるか前から、ヘルはなんらかの形で存在していたと思われるのだ。

ヨルムンガンド

ヨルムンガンドは「巨大獣」、「巨大怪物」を意味する。とてつもない大きさの蛇の姿をしているヨルムンガンドは、ロキの子供の中でだれよりも怪物らしい怪物だ。オーディンは、この蛇が小さいうちにミズガルズをとり囲む海に放り投げて、少なくとも一時的には追い

払った。ところが海で育つうちに蛇は、世界をとり巻き自分の尻尾をくわえられるほど巨大化した。ミズガルズ蛇、世界蛇の別名があるのはそのためだ。

　トールはヨルムンガンドの宿敵で、この大蛇に殺される運命にある（そのとおりになったが、先に死んだのは蛇のほう）。トールは蛇と3度遭遇している。最初の時は巨人王のウートガルザ＝ロキに、力自慢なら大きな猫をもちあげてみろ、といわれてもちあげられなかった。もっともなんとか片脚を地面から離すことはできたが。ウートガルザ＝ロキの告白によると、これは大したことだった。というのも猫は、本当は魔法で化けたヨルムンガンドだったからである。

　2度目に遭遇したのは、巨人ヒュミルと釣りに出たときだった。この大蛇が針にかかったので息の根を止めようとしたが、ヒュミルに邪魔された。それ以来ヨルムンガンドとはラグナロクまで会っていない。

フェンリル

ロキの怪物の子供3人の中で、とくに恐ろしいのが、魔狼フェンリルだ。神々は、この狼をアースガルズにとどめて抑えこもうとした。ヘルやヨルムンガンドのように追放して好き勝手にさせたら、何が

❖左──大蛇ヨルムンガンドは北欧神話の怪物の中でおそらく最大だったために、軍神トールにふさわしい敵となっている。最初の2度の対決で勝負の白黒はつかなかったが、ラグナロクでは相討ちになった。

起こるかわからないと考えたのだ。

そんなことができるわけがなかった。狼はあっという間に成長して旺盛な食欲を示し、餌を与えようとする者に嚙みつくようにまでなる。するとまもなくフェンリルに近づく勇気のある者はテュールだけになった。またフェンリルはラグナロクでオーディンを殺すと予言されていたので、なんらかの手を打つ必要があった。神々はフェンリルを縛りあげることにしたが、それは危険な賭けだった。狼の力は凄まじく、どんな鎖をかけても引きちぎってしまう。神々は弱腰になっていったがそれでもやめようとせず、フェンリルを怒り狂わせないために、縛ろうとするのはゲームで、怪力を誇示するよいチャンスなのだと言いくるめた。

北欧世界の神、人間、怪物といった住人は、少しでも虚勢を張るチャンスがあれば、よほどのことがない

かぎり逃さない。だからフェンリルもしばらくそれに
つき合っていた。だが終いにグレイプニルというすぐ
に切れそうな紐を見せられたときは、さすがにおかし
いと思った。この紐はフェンリルを縛るために神々が
ドワーフに特注したもので、風変わりな材料で作られ
ている。

　何か魂胆があるのを察した狼は、自分がその紐から
逃れられなかったら縛めを解く、と神々が約束するま
で、この魔法の紐で縛られようとしない。その約束が
本当であるのを示すために、フェンリルが解放される
までひとりの神がその口に手を差しいれることになっ
た。そんな度胸のある神はテュール以外にいない。
テュールは宇宙をフェンリルから守るため、そしてお
そらくは解放の誓約を破る血の代償として、自分の手
が犠牲になるのを知っていた。フェンリルはその紐か
ら逃れられず、怒りにまかせてテュールの手を食いち
ぎった。

　フェンリルは人里離れた場所に連れていかれ、岩に
縛りつけられた。口に縦に押しこんだ剣で顎を開けた
まま拘束されたので、口から大量のよだれが流れたが、
狼はただ怒りの咆哮をあげるばかりだった。ところが
いよいよラグナロクが迫ると、フェンリルはグレイプ
ニルを引きちぎった。そして予言どおりオーディンに
死をもたらしたが、その後オーディンの息子のヴィー
ザルに討ちとられている。

　フェンリルは、北欧神話のほかの狼と混同されたり
関連づけられたりしている。フェンリルの名前で大々
的に登場する物語はひとつしかないようだが、ラグナ
ロクで太陽を食べたとされる狼もフェンリルなのかも

しれない。ただし、それを狼のスコルの仕業だとする
物語もある。この狼はまちがいなくフェンリルではな
い。ところがフェンリルが太陽を呑みこみ、ガルムと
いう狼［犬という説もある］がラグナロクの前に鎖を引き
ちぎって月を食ったという記述もあるのだ。ひょっと
するとフェンリルとこうした破壊をもたらす狼とのあ
いだには、神秘的なつながりがあったのかもしれない。
そうでなければ何百年かのあいだに、物語の混同や筋
書の流用、あるいは歪曲があったのだろう。

ヘイムダルの9人の母親

ヘイムダルを生んだ9人の母親は、巨人の乙女である
ことがわかっている。学者の中には、この9人はエー
ギルとラーンの9人娘ではないかという
者もいる。というのも、ヘイムダルの伝
説で母親はみな姉妹であると述べられて

雄鶏の鳴き声でラグナロクの開
始が告げられた。

おり、彼の別名が「海風」を表すヴィンドレールだから
だ。ただし、一般的にヘイムダルについて書かれてい
るとされる詩で、母親としてあげられている女巨人9
人の名は、エーギルとラーンの娘の名前とは異なって
いる。

　この母親9人の中にはほとんど言及されていない者
もいる。アンゲイヤとアトラ、エイストラ、ウールヴ
ルーンはほかの北欧神話には出てこない。ただし、
ギャールブ、グレイプ、ヤールンサクサはかなり目立
つ役まわりを与えられている。

ギャールブとグレイプ

ギャールブとグレイプの父親は巨人のゲイルレズだ。

ゲイルレズはトールを敵視しており、鷹の羽衣を着ていたロキを捕まえて、トールを自分の屋敷に連れてくると約束させている。例のごとくロキは義理の間柄の神族を裏切ることに同意すると、トールを言葉巧みにゲイルレズの屋敷に誘い、魔法の手袋や力帯はおろか、槌のミョルニルまで携帯を断念させた。

その道中、ロキとトールはグリーズという女巨人の家に立ち寄った。するとグリーズは罠が待ち受けていることをトールに教えただけでなく、状況を一転させる手立てを与えた。自分の魔法の鉄の手袋と力帯、杖をもたせてくれたのだ。

ふたたびゲイルレズの屋敷を目指したトールたちは、巨人の娘のギャールブに遭遇した。この娘、ふたつの峡谷にまたがって、ヴィムル川の中に用を足している。トールがギャールブに岩をぶつけると、娘が起こしていた洪水はおさまった。その後ゲイルレズの屋敷に到着すると、椅子ひとつしかない部屋に通された。この椅子はケニングで女巨人の帽子と表現されているので、おそらく女巨人のギャールブとグレイプがなんらかの形で下に潜りこんでいたのだろう。

トールが腰をおろすと、女巨人は椅子をもちあげトールを天井に押しつけようとした。だが、トールはグリーズの魔法の杖で天井を押しかえしたので救われ、逆にふたりの女巨人は背骨を折るはめになる。その後対決したゲイルレズは、灼熱の鉄の塊を投げつけてきた。ここでもトールはグリーズの贈り物に助けられ、手袋をした手で鉄の塊を受けて投げ返した。ゲイルレズは柱の陰に隠れたが、鉄の塊は柱と巨人の頭を貫き、そのまま地面にめりこんだ。

トールはヴィムル川にまたがっているギャールブに出会った。トールが岩をぶつけると、この巨人の娘が起こしていた洪水はおさまった。

✿上——ゲイルレズの屋敷に行く途中で、トールは女巨人ギャールブに遭遇した。ギャールブはヴィムル川の水嵩を増やしてトールを溺れさせようとしていた。

ヤールンサクサ

トールと女巨人ヤールンサクサの関係は、かなりよいほうだった。ふたりのあいだにはマグニとモージという息子がいる。この兄弟はラグナロクを生きのびてミョルニルを受け継いだ。マグニ（力）の馬はグッルファクシといい、スレイプニルにほぼ匹敵する足の速さと敏捷さをもっていた。

その他の巨人

北欧神話には多くの巨人が登場するが、たいていある

神が冒険の中で遭遇した（または戦った、騙した、その他の方法でうち負かした）相手として、話のついでに登場するだけだ。こうした巨人の中には、物事の大筋では重要に見えても、神々の物語では周辺に追いやられたために、おそらくは本来の価値に見合う注目を浴びていない者もいる。

ベリ

フレイに不思議な殺され方をした巨人。フレイは召使いのスキールニルに魔剣を渡してしまったので、ベリと対峙したときは鹿の角で刺し殺している。どうやらベリは大した闘士ではなかったようだ。ギュルヴィ王との会話の中で賢者になりすましたオーディンは、フレイはベリと素手で戦っても倒せたろうと述べている。

エグディル（エッグセール）

エグディルは「女巨人の雇われ牧夫」と呼ばれているが、この女巨人がだれなのか正確にはわからない。が、女巨人（おそらくはロキの怪物の子供を産んだアングルボザ）は、ミズガルズの東にあるヤルンヴィド（鉄の森）に住んで、巨大狼などの怪物の子供たちを育てていたのだろう。またそのような女巨人はひとりではなかったと想像される。もしそうなら、エグディルはそうした怪物の群れの世話をしていたのにちがいない。この巨人は雄鶏フィヤラルがときを作るのを待ちながら竪琴を奏でていたという。この雄鶏の名は、クヴァシルを殺したドワーフのひとりの名前と一致するが、ただの偶然だろう。

　雄鶏の鳴き声でラグナロクの到来が告げられること

✤上──フレイとの結婚を承諾させるために、ゲルズのもとに送られたスキールニル。この時フレイがスキールニルに剣を預けたのは、判断ミスだったかもしれない。ラグナロクにはこの剣をもたずに臨み、火の巨人、スルトの炎の剣の餌食になっている。

を考えると、ある意味エグディルはヘイムダルと同じ役割を担っていたといえる。ただし神族のためではなく巨人族のためだが。

そのためエグディルは牧夫であると同時に見張りであり、ラグナロクの先触れとしての役目を負っていたと考えられる。

ゲルズ

女巨人ゲルズは神のフレイと結婚している。母はアングルボザ、父はギュミル。ただしギュミルはエーギルと同一人物とされることがある。また蛇の姿をした海の巨人、あるいは地下もしくは地上の生き物とされたりもする。

まぶしいほどの美女ゲルズ。フレイは遠くから見て一目惚れした。使いに出した召使いのスキールニルをとおして結婚の申しこみをしたが、はじめは断られた。物語によってはそこでスキールニルが恐ろしい脅迫をしているが、そうではない筋書もある。ただ終いにはゲルズもフレイの妻になることを承諾し、バッリという場所でフレイと落ち合った。説得を成功させるために、フレイは自分の魔剣をスキールニルに褒美として与える。ラグナロクで火の巨人スルトと戦ったときに命を失うはめになったのは、おそらくそのためだろう。

フレースヴェルグ

巨人フレースヴェルグの名前の原義は「死体を呑みこむ者」。鷲の姿をしており、翼をはばたかせて風を起こす。記述はわずかで、ただちらりと話題にのぼるだけだ。

フルングニル

巨人としては異例だが、死後の行き先はヴァルホルだった。それ以上に興味深いことに、フルングニルは勇敢な戦士などではなく、賭けに負けてヴァルホル入りしている。オーディンに、わしの馬のスレイプニルがお前のグルファクシより速いかどうか賭けないか、といわれて受けて立ち、敗者は頭を差しだすことに同意したのだ。

　フルングニルはヴァルホルに到着した。ここに住む戦士は、酒宴と戦いに明け暮れている。ところがフルングニルは飲んだくれて議論を吹っかけるので、だれもが我慢の限界に達し、神々も見逃せなくなった。そこでこの巨人に対抗するべく、トールが送りこまれた。フルングニルの武器は砥石だった。巨人が砥石を投げつけ、それをトールがミョルニルで打ち砕く。砥石の破片はミズガルズに落ち、以来、ミズガルズでは火打ち石が見つかるようになった。

　砥石の破片はトールの頭に突き刺さったが、その時点でフルングニルはトールの槌で頭を割られて絶命していた。ところが先に倒れたトー

✤下——巨人フルングニルの投げた砥石がトールの頭にめりこみ、引き抜けなくなった。巫女グローアはこの石を抜こうとしたが、夫の消息を聞くと上の空になって失敗した。

ルの上に、フルングニルの片足がかかり、トールは身動きできなくなった。アース神族の神々が総出でもちあげようとしたが、びくともしない。それを救ったのがヤールンサクサだ。この女巨人はトールを助けようと息子のマグニを連れてきた。マグニは幼くてもたいそうな力持ちで、フルングニルの足をどけて自分の父親を解放することができた。フルングニルにはモックルカールヴィという粘土でできた巨人の助っ人がいた。この巨人は、バカでかい図体だったが機敏に動けず、トールを見ただけで震えあがった。それをトールの召使いのシャールヴィが倒している。

巫女グローアの力を借りて、トールの頭から石の破片を抜く試みが行なわれた。グローアの呪文は効きそうだった。ところがそれも、トールが巫女の夫の消息を伝えるまでだった。先だってグローアの夫のアウルヴァンディルを背負って運んだので、アウルヴァンディルはじきに帰ってくるだろうといったのだ。夫と再会できると喜んでグローアが呪文を忘れてしまったので、石は頭に刺さったままになった。

フリュム

ナグルファルという船の船長。この船は、ヘルヘイムから死者の軍団をラグナロクの戦場に運ぶ。ナグルファルの船長をロキとする説もあるが、その場合もフリュムはこの船に乗って戦いに参じたと記されている。

ヒュロッキン

バルドルが死ぬと、遺骸は葬儀船に安置され副葬品に囲まれた。悲しみのあまり胸が張り裂けた妻のナンナ

も一緒に弔われた。この船はフリングホルニといい、巨船だったところに次から次へと物が運ばれたので、神々のだれも動かせなくなった。そこで助けを求められてヨトゥンヘイムからやって来たのが、怪力で有名な女巨人ヒュロッキンだ。

ヒュロッキンは毒蛇の手綱を引きながら、大狼に乗って現れた。この獣は狂暴だったので、オーディンの見張りは大狼を昏倒しておとなしくさせなければならなかった。するとヒュロッキンは、神々が束になってもびくともしなかった葬儀船を、片手だけで進水させた。凄まじい勢いのために、船の腹側で火花と炎があがる。と、案の定トールが、乱暴な扱いに腹を立てた。だが本当のところは力自慢で知られるトールが、女巨人に十八番を奪われてむっとしたのだろう。いずれの理由にせよ、トールはヒュロッキンを殺しかねない様子だったが、ほかのアース神たちになだめられた。

✤上──トゥルストルプのルーン石碑。描かれている船のナグルファルは、最終決戦ラグナロクで戦う死者をヴィーグリーズの広野に運んでいる。狼のフェンリルもいるが、この死人の爪で造られた船には乗っていない。

モーズグズ

モーズグズという名の原義は「怒れる戦士」。この女巨人はヘルの国の入口の番をしている。入口とはギョッル(騒がしい)川にかかる橋のことだ。フウェルゲルミルの泉からは11本の大河が流れており、この川はそのうちの1本になる。ニヴルヘイムの中心部から直接流れてくるだけあって水は凍るように冷たく、ギョッル橋のほかにこの川を渡る手段はない。モーズグズは、死んだばかりの者が橋を渡ってヘルヘイムに入るのは

許すが、出ていこうとすると立ちはだかる。ヘルモーズは、バルドルを解放してくれるようヘルに頼みにいったとき、この女巨人に会っている。

スクリューミル（ウートガルザ゠ロキ）

スクリューミルは巨人族の王で、ヨトゥンヘイムの支配者。ウートガルザ゠ロキという別名もあるので、混乱を招きやすい。ちなみに、トリックスターの神ロキとは無関係だ。もっともスクリューミルも幻術を自在に操れるが。

　スクリューミルはトールと仲間が自分の城砦に到着する前から、魔法と幻術で神の一行をまどわせて食べ物を取りあげ、トールをもてあそんでいる。トールたちは旅の途中で小屋を見つけて宿をとったが、その中が妙に暗かった。夜は寝つけなかった。奇妙な音が聞こえてきて、小屋が揺れていたからだ。トール以外は脇部屋に隠れ、トールは見張りをするために入口に立っていた。

　まんじりともしない恐怖の夜が明け、一行は外に出た。すると巨人が眠っていて、そのいびきが地を揺るがしている。巨人は目を覚ますとスクリューミルと名乗り、寝る前に脱いでおいた手袋を拾いあげた。それ

がトールと仲間が休んでいた「小屋」だった。避難して
いた部屋は手袋の親指で、恐ろしい音とはスクリュー
ミルのいびきだったのだ。スクリューミルは一同を自
分の城砦に招き、荷物を運ぼうと申しでた。荷物がな
くなったとはいえ、旅の一行はスクリューミルに遅れ
るばかり。夜になり巨人が足を止めて寝入った頃に追

❖左──巨人スクリューミ
ルは尊大な神トールを慰み
者にしようと、こずるい手
や幻術を使って恥をかかせ
る。それに対しトールは何
度もスクリューミルの寝込
みを襲って殺そうとするが、
巨人が魔術を使ったために
ことごとく失敗した。

いつき、荷物から食べ物を取りだそうとした。ところが、巨人が革紐をきつく締めておいたので、トールは食べ物をとり出せない。とうとう頭に来て、槌のミョルニルを巨人の頭に思い切り振りおろした。

しかしスクリューミルは何事もなかったかのように目を覚まし、木の葉でも頭に落ちて来たのか、と尋ねた。そしてふたたび寝入っていびきを轟かせたので、旅の仲間は眠れなかった。トールはふたたび槌で一撃

❖右——スクリューミルは一般的な意味での巨人だった。その城砦は巨大すぎて、トールと仲間にはてっぺんがかすんで見えた。

を食らわしたが、巨人は目を覚ましただけで痛くもかゆくもなさそうだ。スクリューミルがまた高いびきをたてはじめると、トールはミョルニルをありったけの力で巨人の脳天にめりこませた。がっかりしたことにスクリューミルは目を覚ますと、鳥のふんでも落ちてきたのか、と聞いてくる。

その後スクリューミルは旅人たちと別れたが、その前にトールを愚弄する言葉を吐いていった。ウートガルザ＝ロキの城砦ではでかい口をたたくなよ、あんたのように弱っちい奴がそんなことをしたら、巨人どもが容赦しないだろうからな、と。一行はそれからまる1日歩いてウートガルザ＝ロキの城砦に到着した。それはてっぺんがかすんで見えるほど巨大な城砦だった。

城砦に入った神々は巨人の王ウートガルザ＝ロキに迎えいれられ、勝ち目のない勝負を次々と挑まれる。トールは力自慢なら猫をもちあげられるか、といわれたが、実はこの猫、魔法で化けた世界蛇のヨルムンガンドだった。取っ組み合いをした相手は「老齢」で、飲みほせるかどうか試された角杯にも種があった。魔法で海とつながっていたのだ。

その一方で、トールの召使いシャールヴィは走りくらべを挑まれ、相手がこの世のどんな創造物より速いことを思い知らされる。その「フギ」という名は「思考」を意味した。ロキは食べくらべをしたが、あとになって敵は何もかも消滅させる鬼火だったことがわかった。

ウートガルザ＝ロキは愉快な思いをした（あるいは、神々にちょっとばかし謙虚さを教えた）あとに、トールたち

「花嫁を浄めるためのあの槌をもってこい」
——『エッダ』（谷口幸男訳、新潮社）

の見送りに出た。そして自分はスクリューミルで、荒野で魔法を使いトールをまどわしていたのだと種明かしをした。荷物は魔法の鉄線で縛られていた。スクリューミルの頭のそばに山を移したので、ミョルニルがへこませた場所は今では3つの深い谷になっている。技くらべも仕組まれたもので、神々は想像をはるかに超えた力を発揮していたとも話した。トールが本当にそんなに強いのを知っていたら、城砦に入るのを絶対に許さなかっただろうとも。そんな話を聞いてもトールの気持ちは収まらず、激高した神が槌を振りあげてスクリューミルと城砦を叩き潰そうとすると、いずれも跡形もなく消えていた。

❖下──詩の蜜酒を手に入れるために、グンロズを言葉巧みに誘惑するオーディン。その後蜜酒は盗まれ、父親のスットゥングはグンロズを相手に怒りを爆発させる。オーディンはグンロズを見捨てて、鷲の姿となり逃げた。

スットゥング

この巨人の父親のギッリングと母親は、いずれもドワーフのフィヤラルとガラルに面白半分に殺されている。スットゥングがその仕返しをしようとすると、ドワーフたちが命乞いをして詩の蜜酒を差しだしたので、巨人はそれを娘のグンロズに渡して見張りをさせた。その後スットゥングの兄弟のバウギが、オーディンの策略にかかってスットゥングの砦への侵入を助け、オーディンはグンロズを籠絡してその蜜酒を盗みだしている。

✿上——女神フレイヤを強引に妻にしようとした巨人スリュムだが、やって来たのは女神ではなく念入りに変装したトールだった。ミョルニルを取り戻したとたんに、トールはベールを脱ぎ捨て、スリュムの館で暴れまくった。

ソック

バルドルが殺されたとき、ヘルは宇宙中の全ての者がバルドルのために泣いたら冥府から解放しようと約束した。あらゆる世界に使者が送られ、一人ひとりにそうしてくれるよう頼むと、女巨人のソックを除いてだれもが涙した。使者たちはこのソックに、目的を果たしたと思って戻ってきたときに、洞窟の中で出会っている。ソックが泣くのを拒めば、バルドルはヘルの国にとどまることになる。この女巨人はもちろん姿を変えたロキで、オーディンの息子バルドルが絶対によみがえらないようにして、義兄弟への裏切りを完遂したのである。

スリュム

巨人族の王で、ヨトゥンヘイムの支配者。女神フレイヤを妻に望んで、トールの槌ミョルニルをまんまと盗みだし、それと引き換えに女神を要求した。スリュムは神々がその条件に同意したと信じこまされ、念入りに変装したトールが自分の館に到着すると本物のフレイヤだと思った。トールは槌をひっつかむと、スリュムだけでなく館にいた巨人をことごとく打ち殺した。

この名前の「力のある織り手」という意味は、ヴァフス
ルーズニルが謎かけをすることを示している。非常に
力があり賢く、過去と未来についての豊富な知識を
もっていた。オーディンはこの巨人の館を訪れて、ど
ちらが賢いか知恵くらべをしようともちかける。自信
過剰なヴァフスルーズニルは、賭けた自分の頭を失う
はめになった。このことは、知恵くらべでオーディン
が勝ったこと以上に、ヴァフスルーズニルが自分で思
うほど賢くなかったことを示している。

　オーディンはこの勝負でほぼズルに近いことをした。
自分しか答えを知らない質問をしたのだ。オーディン
は、バルドルの葬儀で死んだ息子の耳元でなんとささ
やいたのかと。命のかかった勝負で、オーディンのよ
うな悪賢い者を相手にするのは、無謀ということだろう。

第4章

その他の生き物

北欧神話には魔力をもつ多彩な存在が登場する。

ただその性質は、現代人が考えるほど単純には説明できない。

それどころか、どの物語においても出てくる存在はその物語特有のもので、

たとえほかの物語に名前や特徴が似ている存在がいても、

まったく無関係なこともあるのだ。

魔力をもつ存在を「種族」ごとに強さや能力をきちんと体系化しようとすると、どうしても曖昧さと曲解の暗礁に乗りあげる。そもそも神話中の同じ登場人物が、神だったり巨人、あるいは人間だったりして一致しないこともあるのだ。神々が出会う超自然的存在や神秘的な生き物が、それ以上に首尾一貫した扱いを受けるというのはむしろありえないだろう。

ディースとフェルギャ

北欧神話にはディースと呼ばれる精霊が出てくるが、その性質は漠然としている。祖先の霊、あるいはエル

❖前ページ──ヴァルキュリャはさまざまな顔をもつ。オーディンの人格が乗り移ったかのように見えたかと思うと、みずからの意志で動く精霊だったりする。少なくともある時期は、人間の女とほとんど変わらないこともある。

フである可能性があるが、超自然的な存在の総称なのかもしれない。ヴァルキュリャが「オーディンのディース」といわれることからも、この仮説が裏づけられるだろう。ただし「ディース」という言葉は、主に女の精霊か一般的に利益をもたらす存在に適用されたようだ。だからといって、好戦的でないわけではない。なかにはかなり好戦的なディースもいた。だが戦闘の援護にせよ病の治療にせよ、働きかけている人物を助けようとしていたとは思われる。

こうした精霊にかんする記録はごくわずかしかないが、少なくとも一部の地域では、冬のあいだ祝祭でディースに生贄を捧げる風習があったことが知られている。一般的な冬の祝祭から推察すると、これも冬の災厄を祓いよい新年をスタートさせるための宗教的、神聖な行事だったのかもしれない。宴会のようなこともしたのだろう。とはいえ、具体的な情報はほとんどない。

ノルン

魔力をもち、運命や宿命とのかかわりが深かった。「ノルン」を魔法の使い手という意味にとると、実のところ（普通名詞の）ノルンは大勢いた。理屈のうえでは、人間の予言者や巫女、神族のオーディンやフリッグなど魔法を使える多くの者がノルンに分類される。北欧神話では、そうした中でも（固有名詞の）ノルン3人を重要な存在としている。また（固有名詞の）ノルンであるときは、この3人を指すのである。

3人のノルンの名前はウルズ、ヴェルザンディ、スクルドといい、それぞれが「かつてあったこと」、「（今

にも）起ころうとしていること」、「未来にあること」を
表している。これを「過去、現在、未来」と訳すのは簡
単だが、それでは単純化のしすぎになる。ギリシア神
話の運命の女神とは違い、ノルン3姉妹はだれの運命
も決めつけない。その代わり、無限に続く繰り返しの
中でどのような潜在能力や可能性があるのかを記して
いたのだ。

　ウルズ（かつてあったこと）は前に終わった全てのこと
を象徴し、次の現在の時点で利用可能な選択肢に影響
をおよぼしている。過去の決断は、別の決断をしてい
たら存在していたかもしれない選択肢をなくしている
可能性がある。そのため過去は単に現在の状況だけで
なく、そこで利用できる選択肢をも形成しているのだ。

　ヴェルザンディ（起ころうとしていること）は、現在の状
況と利用可能な選択肢、そして決断の瞬間をも表して

❖右──ノース人の考えでは、過去の出来事によって選択の幅は定まり、その範囲内ならどんな者も自分の運命を選ぶチャンスを与えられていた。ノルン3姉妹はそうした運命を司り、基本的に人が生涯で何を選択したかを記録していた。

いる。そうした決定によって、未来の選択肢は広がったり狭まったりするだろう。そのため現在においてくだす決定は、未来のどんな瞬間の状況にも、その時使える選択肢にも影響する。したがってスクルド（未来にあること）は、過去にあったことに大きく左右され、現

❖精霊の仲間

　なかには精霊の仲間をもつ者もいた。精霊はつき従う人物とほぼ分離した存在であったりするが（オーディンのカラスなど）、それ以外はたいてい密接につながっている。オーディンのカラスと狼、そして史料によってはヴァルキュリャも、本質的にはオーディンの存在の一部で、実体を与えられて半ば独立した存在となっているのだ。さほどの力のない者には、そうした精霊の代わりにフィルギャ、つまり「従者」がいた。

　フィルギャの姿は、むすびついている者の性格を反映していた。魔力がある者のフィルギャは、見える者が見るとたいてい猫か鳥の姿をしている。そうなるとヨーロッパの民間伝承の魔術師や魔女の使い魔と重なる点が出てくる。ただし、ほとんどの人間は自分のフィルギャが見えないし、それはかえってよいことなのだ。というのも、いつもそばにいる人間の前に現れたとき、多くの場合それは死が迫っていることを意味したからだ。

在の決断によってさらに修正されることになる。

　これが延々と繰り返される。現在の決断はすぐに過去に組みこまれ、さらに新たな現在の選択肢を制限することにより未来の道筋を定める。ノルン姉妹がウルズの泉から水を汲み、ユグドラシルを育てるためにそれを使うと、ユグドラシルの葉から水滴が泉に落ちた。そうしたこともこの循環を表していた。

　この大樹もまた、過去、現在、未来の循環を象徴していたと考えられる。木の根は過去で、すでにそこにあり木がどこまで大きくなるか、そしてなんの木になるかを定めている。トネリコの根から育つのはトネリコの木だけだ。ユグドラシルの根はトネリコの根なので、この先ブナの木になる未来はありえない。

　幹は現在であり、ここから枝が伸びていく。どの枝に進むかは当人が決められるが、いったん枝を選んだら変更できない。この決断はすでに過去になり、可能な未来を方向づける。枝に乗り移ったら、そこにあるものとしか出会えない。ひょっとしたらそれはラタトスクかもしれない。木を忙しく上り下りして、仲の悪い鷲と竜に互いの悪口を吹きこんでいるリスだ。もしリスがいたらさらに判断することがある。ラタトスクの言葉にどう反応するか、といったことだ。

✿下——ワグナーのオペラ『ニーベルングの指環』から着想を得た挿絵。ユグドラシルのそばでノルン3姉妹が運命の縄をなっている。ノルンは主に観察と記録の役割を担ったようだ。人々の運命を定めてはいなかった。

魔法を使えば物事の成り行きも、ありえる結果が起こる蓋然性も左右できた。またそうした理由で、魔法の使い手はノルンであるとも考えられていた。呪文で神や英雄を雄弁にするだけで、だれかにしかるべき行動をとらせる説得力が増し、未来の筋書は大きく変わる。飲み物に混入された毒に侵されない呪文をかければ、その人物の運命はその時その場では終わらないため、本来なら存在しなかったさまざまな未来の扉が開かれる。このように考えると北欧神話の魔法は、運命を変え、新たな可能性を生じさせるが、すでに起こった出来事には無力だ。そのため、宇宙に一挙に大規模な変化を起こすほどの力はなかったのだ。

違う枝を進めばラタトスクはいないかもしれないから、そうした選択肢はなくなる。だが代わりにオーディンの館の屋根にいる牝山羊、ヘイズルーンには出くわすかもしれない。そうなると異なる選択肢が生じ、そのためにまったく違う未来になる可能性がある。このように、過去の選択(と状況)で現在の選択肢は定まり、それによって未来の可能な形が方向づけられていく。可能性の幅を定めるのは運命だが、実際の物事の流れは、当人がその時々に行なう選択によって決まるのだ。

ヴァルキュリャなどの神秘的な戦士

ヴァルキュリャ(またはワルキューレ)は戦死者を選別した。ラグナロクの大戦にそなえて、戦死者をフォールクヴァングとヴァルホルのどちらに連れていくのかを判断する任務を帯びていたのだ。残りの死者の面倒はヘルが見た。とはいってもオーディンは、最終決戦で戦う自軍の戦士には精鋭中の精鋭を望んだのだが。

一般的に現代のヴァルキュリャは美女戦士として描

かれている。北欧神話にも、魅力的な姿だった可能性を示す証拠があり、その多くが王族の娘だったと記されている。なかには人間の戦士や勇者、王と恋仲になり、子供を産んだ者もいる。が本来の姿は、少なくともある時期には審美眼に耐えるものではなかった。戦死とその後とむすびつけられるヴァルキュリャは、しばしばカラスなど死肉をあさる生き物とともに登場するが、

そもそもはそれが戦場への現れ方だったのかもしれないのだ。

　もともとの「本物」のヴァルキュリャは老婆で、人身御供が捧げられていた神聖な森の番人だったという証拠もある。人身御供は一般的な習慣ではなかったが、大きな災厄にみまわれたときに捧げられたのだろう。ある史料によれば、オーディンがみずからを槍で刺したのと同じように、生贄は木から吊るしてオーディンに捧げられていた。また捕虜になった戦士も槍で刺してオーディンに供儀されていた。もしそうなら、当初

❖盾に囲まれたヴァルキュリャ、ブリュンヒルド

　ヴァルキュリャでも有名なのがブリュン
ヒルドだ。この乙女はオーディンの命令に
背いたばかりに、険悪な仲になっている。
アグナルとヒャールムグンナルのふたりの
王が対立し戦場で相まみえたとき、オー
ディンはヒャールムグンナルに肩入れして
いたが、ブリュンヒルドはアグナルが勝つ
よう仕向けた。そのためブリュンヒルドは
生身の人間として生きる罰を受ける。この
物語は、北欧のサガとゲルマン叙事詩の中
で繰り返し語られており、ワグナーの1876
年の楽劇『ニーベルングの指環』も後者から
発想を得て作られている。

❖上──『動揺のあまり呆然として立ちつくす
ブリュンヒルド *Brynhild stands for a long time,
dazed and alarmed*』。アーサー・ラッカムの挿
絵(1910年)。

のヴァルキュリャは年老いた巫女で、生贄にふさわ
しいのはだれか、あるいはその時の災厄を確実に終
わらせるためにはどの程度重要な人物が必要なのか
を決めたのだろう。記録によれば、人身御供になっ
たのは主に捕虜と無法者だったが、ある時などは深
刻な飢饉を終わらせるために王が命を捧げている。
　神話のヴァルキュリャは、ただ戦死者がフォール
クヴァングとヴァルホルのどちらにふさわしいかを
決めただけではない。死すべき者を選んだりもした
のだ。魔法でこれぞと思う人間を助けることも邪魔
することもできたので、この方法で戦況や戦士個
人の運命を変えられた。人間の戦士の選別者ま
たは恋人として外の世界に出ていないときは、

ヴァルホルで戦死者に蜜酒を運んでいた。

エインヘリャル

死後に選ばれてヴァルホル入りした戦士。ここでエインヘリャルは来たるべき戦闘にそなえて常日頃戦いの腕を磨いており、傷を負っても1日の終わりには治っていた。たとえ頭や手足を切り落とされても再生してくるので、夜にはおおいに飲み食いして過ごす。その数は不明だが、このことについて問われたオーディンは、ヴァルホルには実にたくさんの戦士がいるが、食べ物が底をつくことも、扉で混雑することもないと答えている。また、それほどの数のエインヘリャルがいても、「狼が来たら」まだ足りないように思えるとも述べている。これはラグナロクの戦いにフェンリルが現れることを意味している。

❖上──死後のエインヘリャルには、戦闘三昧の生活がいつ果てるともなく続く。五体満足な姿に再生するために、夜は仲間と酒宴をして過ごした。ヴァルキュリャの給仕で蜜酒を飲みながら、日中の戦いぶりでも自慢していたのだろう。
❖前ページ──6世紀スウェーデンの銀メッキペンダント。なんらかの力をもつ女性の精霊がかたどられている。ヴァルキュリャのようだが、ディースなのかもしれない。これをかけていれば精霊が助けてくれると期待したのだろう。

✤上──犬のような狂暴さ
で戦うベルセルク。ただし
きわめて練度の高い戦士で、
火や鉄による攻撃を寄せつ
けない優位性を盾に、敵を
うちのめしていた。

ベルセルク

バーサーカーともいう。
北欧の神々や英雄の物語、
そして歴史の中にも登場
する。「本物」のベルセル
クは多くの混乱の源と
なっている。大半の人の
イメージにあるベルセル
クは、自分の身の安全な
ど顧みない戦士で、さま
ざまなものに憑き動かさ
れて戦場で鬼神のごとく
殺戮する。一説には、ベ
ルセルクは解離性障害を
患っていたともいわれる。
これはマレー語でいう
「アモック」（狂暴性精神錯
乱）に近い精神状態で、
宗教的熱狂や麻薬のようなもの、もしくはその両方に
よって誘発されていた。

またベルセルクは、戦上手で知られた部族、あるい
は戦士の王に戦場の武勇を見こまれて選抜された親衛
隊にすぎなかったという説もある。こうした人間の自
信や好戦性、そしておそらく虚勢が、自分の命をもの
ともしない無鉄砲さや狂気ととらえられた可能性もな
くはない。「ベルセルク」という言葉はさまざまに解釈
されている。偉大なる戦士の威信の象徴である熊の毛
皮を着た男、または「もろ肌を脱いで」戦った男といっ

たものだ。後者のケースは、戦いの前に実際に衣服や鎧兜を脱ぎ捨てたのではないのだろう。盾をもたずに戦った者も、上半身に何も着けていないとみなされたかもしれないのだ。

神話の「ベルセルク」は、もちろんオーディンの存在抜きには語れない。この神が感情にまかせて怒り、陶酔するさまに触発されて、鎧兜を着けずに狂犬のように戦ったと伝えられているのだ。防具を脱ぎ捨てたのにもかかわらず、こうした戦士には火も鉄も通用しなかったとみえる。ベルセルクは異常な「狂暴状態」になると変身したという。いわゆる「ベルセルクの逆鱗」状態だ。とはいえ、必ずしも動物に姿を変えたわけではない。おそらくこの言葉は、いかにも理性的なプロ戦士から、神がかった破壊マシンとなる戦いぶりの変化を指したのだろう。

ベルセルクは魔法を使えたともいわれる。戦士の武器をなまくらにする力をもっていたため、北欧の伝統的な民間伝承には、それを防ぐさまざまな魔除けや習わしが登場する。ベルセルクの力はそれだけではないが、鉄にも傷つけられないという印象があったのは、この能力のおかげかもしれない。なまくらの剣で一撃を食らわせても、たいていの戦士なら突進を止められただろう。だが、苦痛と恐怖を無視する心理状態にある者は、即死でもしないかぎりたじろがなかったのだ。

土地の精霊

ランドヴェーッティル（土地の精霊）という精霊や魔物は、特定の場所とのむすびつきが強く、その場所から離れられなくなっていることもある。起源は不明だが、こ

の世に誕生するために人間の存在が必要でなかったのは確かだ。最初に発見されたときアイスランドは、ほぼ無人の地だった。唯一の例外はひと握りのきわめて屈強なアイルランドの修道士だったが、北欧人と入れ替わりに去っていった。ところがそれまでアイスランドに居住していたのはキリスト教徒のみだったのにもかかわらず、そこにはすでに北欧の強力な精霊が存在していたのだ。

870年、最初の本格的な植民はヒョルレイヴ・フローズマルッソンとインゴールヴル・アルナルソンを頭とする植民団によって試みられた。このふたりは、両親は違うが兄弟として育てられている。インゴールヴルはこの土地の神と精霊に住むのに適した場所に導いてもらおうと、通常は自分の高座の両側にある柱を配下の者に海に投げいれさせた。この柱はインゴールヴルの権力と指導的地位を象徴している。それを神と精霊に委ねることで、敬虔の念を行動で明確に示した。

柱は潮に流されて見えなくなり、発見まで3年の月日を要した。そのあいだずっとインゴールヴルの移住者と家畜は、入植に明らかに適した土地があったの

✧右──レイキャヴィークにあるインゴールヴル・アルナルソンの銅像。インゴールヴルがアイスランドの土地の精霊にしかるべき敬意を払ったために、建設した入植地は繁栄した。

にもかかわらず、雨風をしのぐ仮住まいで待たねばならなかった。柱が見つかったのは結局岩がゴツゴツした岬だった。どうしても住みたくなりそうな場所ではない。それでもそこにインゴールヴルが入植して作った集落は、発展して現代のアイスランドの首都、レイキャヴィークとなっている。

インゴールヴルの義兄弟のヒョルレイヴのほうは、そううまく行かなかった。この男はよい場所を見つけてただそこに上陸した。当初の見通しは明るかったようだ。上陸した人々は集落を築き、土地を耕しはじめた。ところが、植民地の立ち上げを手伝わせるために連れてきた奴隷が、反乱を起こして入植者を皆殺しにしてしまったのだ。

ほとんどのランドヴェーッティルは小物の土着の精霊だったが、アイスランドには4柱の偉大な守護精霊がいた。この守護精霊は大鷲、巨人、竜、牡牛の姿をしており、土地の精霊を率いて侵入者と対抗した。またアイスランドを4分割して守っており、今日この国の貨幣の図柄にもなっている。

> エギル・スカラグリームソンは、土地の精霊が自分の敵と敵対するよう仕向けた。

土地の精霊は、関連する地域の豊穣や一般的な安寧になくてはならなかった。多くの場合、岩のような特定の自然物に宿っており、敬う者とはよい隣人になることもあるが、冒瀆する者にはいやがらせや危害をくわえたりする。このことを逆手に取ったのがアイスランドの英雄、エギル・スカラグリームソンだった。この人物は魔法の棒を立てることで土地の精霊を混乱させて怒らせ、自分の敵に対抗するように仕向けている。

ほかにも、土地の精霊を、脅して追い払ったり挑発

❖上──現代のアイスランドの硬貨。この国の四大守護精霊が図柄になっている。大鷲、竜、巨人、牡牛の守護精霊は、ほかの精霊を召喚できる。

✤上──レイニスドランガ
ル(アイスランド)の玄武岩
の石柱。伝説では、もとも
とはスケッシュドラングル、
ラッドラングル、ランクハ
マルという3匹のトロール
だったが、日の光を浴びて
石になったとされる。

したりする方法はあった。「竜船」が存在した証拠は微
かながらあるが、そのひとつに、竜の頭に似た舳先を
もつ船が陸への接近と入港を禁じられたことがある。
土地の精霊を怯えさせないための配慮だった。このこ
とが記録に残されている『植民の書』は、アイスランド
の黎明期を扱った歴史書で、おそらく13世紀になって
書かれている。

　アイスランドでは、古代北欧の宗教に代わってキリ
スト教が居座ったあとも、土地の精霊は長く崇められ
ていた。実際今日にいたっても、特別な岩が大事に保
存されている。とはいってもランドヴェーッティルは
崇め奉られているのではなく、よき隣人にふさわしい
丁重な敬意を払われているのだが。土地の精霊はそう
した礼儀正しさに応え、敬意を表す人間には便宜を
図ってもよいと思っているようだ。1940年代には、
アイスランドの南西部にあるケブラヴィークで海軍航

空基地を建設していたところ、建設チームのひとりが夢の中で地元のランドヴェーッティルに、撤去が予定されている岩から出ていくまで工事を待ってほしいと頼まれた。願いは聞きいれられ、土地の精霊が夢にまた出てきて新しい住み処が見つかったと告げるまで、その岩は撤去されなかった。

エルフとドワーフ

現代人は「エルフ」と「ドワーフ」を明確に区別して考えている。それは主に、どのファンタジーの物語でもこうした生き物の基本設定が似かよっているためだ。細かい違いはあるだろうが、概してイメージの中にあるエルフは、少し不思議な存在で、自然と調和しおそらくは森の中で暮らしている。一方ドワーフは屈強で山の地下に住み、魔力をもつ道具や驚異のからくりを作っている。このような分類の根拠になっているのは北欧神話だが、もともとのエルフとドワーフには、そうした説明をはるかに超える複雑さがあった。

　実のところ、「光のエルフ」「闇のエルフ」「ドワーフ」が、違うグループを指しているかどうかもわから

❖下——ドワーフは神々と頻繁に会っていたようだ。またその職人としての腕に十分な敬意を払われていたので、依頼があれば豪華な贈り物を完成させた。神々が所有する魔法の宝物はどれもドワーフの手を経なくては生まれていない。

ないのだ。こうした異なるグループの性格は原典の中で、それぞれの国の名前とともに時々入れ替わっている。北欧伝説の闇のエルフとドワーフはとくに、同一の存在であると思われる。あるいはある生き物をエルフもしくはドワーフと呼んだとしても、種族や種を表したのではないのかもしれないのだ。

　巨人の大きさや外見、能力には著しい違いがあるので、種族や種というより神話上または社会的なグループと表現するほうがよいのかもしれない。それとまったく同じように、特定の種に属しているのではなく、グループの一般的な特徴に合う力や物の考え方、能力をもっていることを理由に、魔力をもつある種の存在をドワーフもしくはエルフと称したのだろう。とはいえ、光のエルフ、闇のエルフ、ドワーフというおおまかなグループ分けは可能だ。矛盾した言及もあるが、それぞれの概要をまとめることはできる。

　神話文献によれば、エルフには人間を病気にしたり回復させたりする力があった。生贄と引き換えに人間を助けたりもした。北欧の神々に代わってキリスト教が支配的になったあとも、エルフに生贄を捧げて崇めつづけた集団はあった。キリスト教の権威者には異端視されたが、いずれにせよ、今日まで土地の精霊が敬われてきたように、エルフ信仰は存続している。そうなると、土地の精霊とエルフとのあいだにこれといった違いはないのかもしれない。

　この範疇以外との交流も可能だった。そのため片方の親だけがエルフの子供が生まれることも、人間が死後にエルフやそれに類する精霊になることも可能だった。ただし後者の例は、一部の地域で行なわれていた

祖先崇拝と混同された結果なのかもしれない。祖先と
ランドヴェーッティル、エルフの崇拝の境界がどこに
あるのか、またその境界自体があったかどうかも、
まったくわかっていないのだ。

リョースアールヴァル（光のエルフ）

アースガルズに近いアールヴヘイムの国に住んでおり、
この上なく美しかった。理由は定かではないが、フレ
イはアールヴヘイムの支配者だったのにもかかわらず、
光のエルフの首領だったとは明言されていない。
リョースアールヴァルは神々でもとくにヴァン神族と
仲がよかったようだが、どの物語でも積極的な役割を
果たしていない。アールヴヘイムに住ん
でいることに満足して、それ以外のこと
は放っておいたのだろう。

　リョースアールヴァルは大昔の神々を
表している可能性がある。スカンディナ

> **エルフは光り輝く存在で、「太陽
> より美しい」**
> ──『散文のエッダ』

ビアに神々とともに移住してきた人々が優位に立った
結果、アースガルズの神々に放逐された神々だ。同じ
ことがヴァン神族にもいえる。またリョースアール
ヴァルとヴァン神族が非常に近しい関係で共通点が多
いことを考えると、もとはひとつのグループに属して
いた2種類の神だった可能性もなくはない。昔の神が、
突然現れた新参者のために脇役に追いやられたのだ。
そうした出来事が2度あったということも同じくらい
ありえる。リョースアールヴァルに象徴される昔の
神々がヴァン神族に追い落とされ、社会の変化にとも
なって好戦的な神々が台頭すると、ヴァン神族も第2
の地位に甘んじることになったのだろう。

デックアールヴァル（闇のエルフ）と
スヴァルトアールヴァル（暗黒のエルフ）

デックアールヴァル（闇のエルフ）はもしかすると、時々スヴァルトアールヴァル（暗黒のエルフ）として登場する存在と同じなのかもしれない。ただし、それとは別にスヴァルトアールヴァルがドワーフを意味している可能性も否定できない。デックアールヴァルの肌の色は、正確にいうとさほど黒くなかったという指摘がある。リョースアールヴァルとくらべるとくすんでいて、輝きを放っていなかっただけだというのだ。デックアールヴァルは、目にもまばゆい兄弟分より悪戯好きで意地が悪い。眠っている人間の胸の上にすわりこんで悪夢を見せたり、ぞっとするような考えを吹きこんだりする。闇のエルフはスヴァルトアールヴヘイムに住ん

✤下──例のごとく怒りを爆発させるトールから、恐れをなして逃げようとするドワーフ。1878年の絵画。神々とドワーフの交流はいつも友好的とはかぎらなかった。トールはバルドルを火葬する積みまきの中にドワーフのリトを蹴りこんで殺している。

でいるという説があるが、ここをドワーフの国とする
史料もある。ひょっとするとどちらもこの国にいたの
かもしれない。つまりスヴァルトアールヴヘイムの住
人の中には、闇のエルフと認められる者とドワーフに
分類したほうがよい者がいた可能性がじゅうぶんにあ
るということだ。

ドヴェルグ（ドワーフ）

北欧神話でドワーフは、ほかのエルフ族を差し置いて
目立っている。神々のせいで不幸な運命をたどったド
ワーフもいるが、神々と敵対関係にはない。バルドル
の葬儀に参列していたドワーフのリトは、トールの足
の前に飛びだしたばかりに怒りに触れて、火葬用の積
みまきの中に蹴りこまれた。リトの側にはこの悲運に
見合う落ち度があったとは思われない。

　フィヤラルとガラルのように貪欲でサイコパス的な
ドワーフもいた。知恵を獲得するためにクヴァシルを
殺害したのはまあ理解できるだろう。凄まじい強欲か
ら生じた恐ろしい所業だったのだ。だがこのふたりは
その後、巨人ギッリングを意味もなく殺しておいて、
その妻が泣きわめくのがうっとうしいという理由でま
たもや殺害している。とはいえ、フィヤラルとガラル
は例外だった。大方のドワーフは自分なりにやりたい
ことがあり、その邪魔をされないかぎり悪意をもつこ
とはなかったのだ。

　ドワーフが住んでいた地下の国は、スヴァルトアー
ルヴヘイムともニダヴェリールとも呼ばれる。わたし
たちはつい光のエルフがアールヴヘイムに住み、闇の
エルフがスヴァルトアールヴヘイムに、ドワーフがニ

♣上──ドワーフはとくに
金銀の細工に長けていた。
現代のファンタジーではよ
く貪欲さが前面に押しださ
れるが、原初の神話では財
宝を貯めこむことにそれほ
ど執着していなかった。

ダヴェリールに住んでいたと考え
がちだが、それでは単純化のしす
ぎになるだろう。それぞれのグ
ループの区別があまり明確でない
ために、そのようにきっちりと定
義するのには無理があるのだ。た
だドワーフについて繰り返し語ら
れているのは、優秀な工匠で素晴
らしい魔法の宝物を作り、鉱山の
地下や洞窟に住んでいたというこ
とだ。神々はだいたいその物作り
の腕を目当てに、ドワーフに会い
にいっている。

最初の4人のドワーフ

必ずしも全てのドワーフが地下で
暮らしていたのではない。ユミル
が倒されるとすぐにその肉からウジがわきはじめた。
それが原初のドワーフになり、最初に現れた4人が
神々から仕事を与えられた。このノルズリ(北)、スズ
リ(南)、アウストリ(東)、ヴェストリ(西)と名づけられ
た4人は、ユミルの頭蓋骨をもちあげているよう命じ
られた。この頭蓋骨から天空が作られ、ドワーフの名
が宇宙の四方位の名前となっている。

名工匠

女神シヴの髪を刈り落としたロキは、その夫のトール
に痛めつけてやると脅されると、代わりになるものを
もってくると約束した。するとロキは当然のごとくド

ワーフの名工匠に、シヴを喜ばせ、トールの怒りを鎮めるものを作るよう依頼した。ドワーフの鍛冶職人、イーヴァルディは求められる品物を作りだした。本物の黄金からこしらえたシヴ用のカツラは、いったん頭に載ると地毛のように毛を伸ばす。イーヴァルディはそのほかにもフレイに贈る魔法の船スキーズブラズニルと、オーディンのための槍のグングニルも用意した。

　するとロキはドワーフの鍛冶職人を競わせようと企む。そのためドワーフのブロックとエイトリ（シンドリ）は、それよりもっとよい神々への贈り物を作ろうとした。ふたりはフレイのために黄金の牡豚グッディンブルスティ、オーディンのために魔法の腕環ドラウプニル、トールのために槌のミョルニルを完成させた。ロキに邪魔されたために槌の柄が短くなるというアクシデントはあったが、それでも神々は贈り物を喜んだ。

　鍛冶職人のアルヴィースは、トールの娘スルーズとの結婚を望んだ。トールはそれが心底気に食わない。そこでアルヴィースに、お前がたいそうな知恵者ならそれを証明してみろ、と要求した。普段はさほど血のめぐりがよくないトールだが、アルヴィースをうまいこと夜明けまでしゃべりつづけさせたので、朝日を浴びたアルヴィースは石になってしまった。日の光で石になるといわれるのは、たいていトロールだ。トロールと

✿下──ドワーフ鍛冶職人のブロックとエイトリ。仲間より素晴らしい神々への贈り物を作って、競争に勝とうとしている。ロキに邪魔されたのにもかかわらず槌のミョルニルは最高傑作となり、トールに贈られた。

いう言葉は後の北欧神話では「巨人」の代わりに用いられている。

　ナッビとダーインは牡豚ヒルディスヴィーニを作っている。この魔法の豚はフレイヤの乗用で、ロキには、本当はフレイヤの人間の愛人オッタルが変身しているのだといわれている。ただしこの告発が真実かどうかはわからない。ダーインスレイヴという呪いの剣もこのふたりのドワーフの作だ。切れ味鋭い武器で、必ず標的を仕留めるか半死半生にしたが、いったん抜かれるとだれかの命を奪うまで鞘に収まらなかった。

　アールヴリッグ、ベルリング、ドヴァリン、グレールも名工匠だった。この4人がブリーシンガメンという魔力をもつ美しい首飾りを作ると、フレイヤがほしがった。ドワーフたちはどんなに黄金を積まれても断ったが、フレイヤが4人それぞれと1夜を過ごすという条件で、首飾りを譲る約束をした。

　アンドヴァリも優れた腕をもつ鍛冶職人で、ドラウプニルと同じ性質をもつ指環を作っている。アンドヴァラナウトというその指環は、9夜ごとに自分とまったく同じ指環8個をしたたり落とす。アンドヴァリは滝の下に住んでいて、魚に変身できた。「贖罪金」（この場合は殺めた者の賠償金）として黄金が必要になったロキは、海を支配する女巨人ラーンから網を借り、魚になっていたアンドヴァリを捕らえた。ロキはこの指環も含めてこのドワーフのもつ黄金をすべて取りあげたが、アンドヴァリは指環に、将来のもち主がすべて破滅する呪いをかけた。ドワーフの王フレイズマルもその犠牲になっている。

　フレイズマルにはロヴンヘイズ、リュングヘイズと

いうふたりの娘とファーヴニル、オトル、レギンといういう3人の息子がいた。オトルはカワウソに変身する能力をもち、この姿でいるときに旅をしていたトールとロキに遭遇した。するとロキに石をぶつけられて、このカワウソは死んだ（これは純粋な間違いで、ロキがまわりくどい悪ふざけをしたのではなさそうだ）。その夜神々は泊めてもらったフレイズマルの屋敷で、カワウソの極上の毛皮を見せびらかす。

　フレイズマルはもちろん烈火のごとく怒り、神々を人質にとると、ロキに、身の代金としてカワウソの毛皮に入るだけの黄金を集めてこい、といって送りだした。ロキがもってきた黄金の中には、いまや呪いがかかっている指環アンドヴァラナウトがあった。神々は旅を続けたが、その一方で呪いの効果はすぐ現れた。ファーヴニルが欲にとり憑かれて、指環をわがものに

❖上──ロキはドワーフのアンドヴァリの黄金を根こそぎ取りあげたが、指環のアンドヴァラナウトだけがその中になかったので、それも分捕ることにした。アンドヴァリは、指環を所有すると必ず不幸になる呪いをかけた。そのためフレイズマル王の家族は、次々と非業の死を遂げている。

するために父親を手にかけたのだ。

ファーヴニルとその他の竜

父親を殺して荒野に逃れたファーヴニルは、欲のために正気を失い竜になってしまった。竜はたくわえた黄金を必死で守っただけでなく、毒の息で大地を汚染した。弟のレギンは養子のシグルズをそそのかし、竜を退治して復讐を果たそうとする。レギンはどうやら大した度胸のあるドワーフではなかったらしい。というのもシグルズに、深い掘を作ったらそこに隠れて、ファーヴニルが水を飲むために出てくるのを待ち伏せするといいぞ、と忠告したあとは、姿を消しているからだ。

オーディンは、通りがかりの賢者を装って助けている。見どころがあると思ったのだろう。掘は何本か掘るとよいぞ、そうすれば竜の血が流れるのでその中で溺れずにすむ。それだけいうとオーディンも去り、シグルズはひとり大仕事を託された。掘の中に横たわり、シグルズは待ち構えた。ファーヴニルがその上を這っていこうとする。シグルズは名剣グラムを手にとり、竜の肩を貫いた。ファーヴニルがどうと倒れる。

すると苦しい息の下で竜がシグルズに話しかけ、家族について聞くうちに、自分を倒した男の養父がレギンであることを知る。レギンはお前も葬り去ろうとするだろうよ、この黄金は呪われているのだ、とファーヴニルはシグルズに警告した。どうせだれでも死ぬのだ、

✿下──このファーヴニルは蛇で、現代のファンタジーでお馴染みの飛竜ではない。

怖くはない、とシグルズはいい放つ。その日が来るま
で金持ちでいたいと望むことのどこが悪いのだ。

　シグルズは黄金とともにファーヴニルの心臓を育て
の親のもとにもち帰った。レギンが心臓を食べたがっ

♣右──ファーヴニル退治
の物語にはさまざまな異話
がある。この物語では、ド
ワーフ（おそらくフレイズ
マル王の縁者）が、巨大な
獣が息絶えたかどうかを確
かめるために、死体に近づ
いている。このファーヴニ
ルは翼のない蛇のようだ。

たのだ。この男はシグルズを殺して竜の宝物を独り占
めしようと企んでいたが、シグルズは鳥のさえずりを
聞いてそれを知っていた。指についたファーヴニルの
心臓の血を舐めたときから、鳥の言葉がわかるように
なっていたのだ。おかげで自分がやられる前にそれを
知り、またしても魔剣グラムでレギンを倒すことがで
きた。

　もう1匹、北欧神話の中で目立つ竜がいる。ニヴル
ヘイムに届くユグドラシルの根の下から動けなくなっ

ているニーズホッグだ。この竜は世界樹の根をかじり死体の血をすすって過ごしている。ニーズホッグはラグナロクの直前にようやく自由の身になる。この最終戦争に参加したとは明記されていないが、多くの戦死者の死体を喰らったのはまちがいない。

　北欧神話の中には蛇がたくさん出てくる。その中でもとてつもない大きさを誇るのがヨルムンガンドだ。英語の「ドラゴン」は今日では飛竜の意味で使われるが、ヨルムンガンドは羽をもたない巨大な毒蛇である。ただし繰り返しになるが、現代のファンタジーやえせ神話に出てくる竜を見て、それがこの怪物の唯一の姿だと考えるのは早計だ。神話の竜がどう書かれているかを調べると、たいてい大蛇としているだけで、必ずしも翼や炎を吐くことには触れられていない。

狼とその他の生き物

北欧神話には狼が何頭か登場する。邪悪な狼もいれば、ただ獰猛で危険なだけの狼もいる。スコルとハティ・フローズヴィトニスソンは前者の例だ。その名は各々「裏切り」、「憎しみ」に近い意味をもつ。2頭は、それぞれ太陽と月を載せた馬車を追いかけており、この馬車を魔法の馬、スキンファクシとフリームファクシが引いている。いよいよラグナロクが迫ると、狼たちはついに馬車に追いつき、太陽と月を呑みこんでしまう。そうなるとフェンリルもしくは別の狼が太陽を食べたとする別の神話とは辻褄が合わなくなる。が、こうした狼はすべて敵対す

✢下——オーディンの飼っているカラスのフギンとムニン。オーディンとは別個の存在だが、飼い主の分身でもある。腐肉をあさるのではなく偵察と監視を役割としており、2羽は毎日放たれると、あちこちの世界で見聞きしたことを主人に知らせていた。

る同じ力を具現化したもの、もしくはフェンリルの分身なのかもしれない。

　ゲリとフレキはオーディンが飼っている狼である。どちらの名も「貪欲」を表すが、性悪なのではなくただ腹を空かしているだけだ。オーディンはワインと蜜酒だけで生きていけたので、主人の食卓に出されるほかのものはすべて狼に与えられた。スカルド詩人は「狼」を意味するケニングに、ゲリとフレキの名をよく用いている。

　オーディンはカラスも2羽飼っている。それぞれの名はフギンとムニンといい、「思考」と「欲望」（あるいは「記憶」）という意味をもつ。そしてこれらの名はやはりケニングで、カラスを表すのにも、時には死肉や死などに関連するものを表すのにも使われていた。オーディンが冥界への導き手として、そして少なくとも死者の一部を支配する神としての役割を担っていたことから、この2羽も死とむすびつけられたのだ。カラスたちはオーディンから話す能力を授かり、毎日放たれると見聞きしたことを主人に知らせていた。

人間

神々と巨人の物語の中で人間の出番はあまりない。ただし人間はさまざまな形で存在している。戦士は死後ヴァルホルもしくはフォールクヴァングで過ごすが、それ以外の死者はヘルの国に向かう。ラグナロクでは怒れる死体がロキ軍団にくわわった。とはいってもそれは端役的な役割だ。人間が実際に登場したり名をあげられたりする例はほとんどない。ただしエッダなどの文献には、人間の英雄の物語もある。

アスクとエンブラ

神々はアスクとエンブラという最初の人間を、ユミル
を倒してからまもなく、たまたまあった木から創造し
ている。オーディンとヴィリ、ヴェーの神の3兄弟は、
人間に息と心、生命の温かさを贈り、名前をつけて住
む場所を作ってやった。そのミズガルズの国は、ユミ
ルの眉毛で作った柵で巨人の侵入から守られている。

リーヴとリーヴスラシル

ラグナロクを生き残った最後の人間。あるいは新人類
の最初のふたりというべきなのかもしれない。リーヴ
とリーヴスラシルが世界の終末をどう生
きのびたかについては、ホッドミーミル
の森に身を潜めていた、あるいはユグド
ラシルに守られていたといわれているが、
どちらも同じことを違う言葉で表現して
いるのかもしれない。世界が再生されると、リーヴと
リーヴスラシルはふたたびそこを人類の住み処とする
ことができた。

トールは山羊の骨を砕いた罰として、兄のシャールヴィと妹のロスクヴァを召使いにした。

シャールヴィとロスクヴァ

スクリューミルの城砦に向かう途中、トールと仲間は
人間の住む家に泊まった。トールは魔法の山羊のタン
グリスニルとタングニョーストを殺して、人間の家族
にも仲間の神々にもその肉をふるまった。この山羊は
皮の中に骨を入れておけばひと晩のうちに生き返る。
ところが、この家のシャールヴィが空腹を覚え、骨を
割って髄をしゃぶろうとしたために、1頭の山羊が足

をひきずるようになった。

　トールは、そのバチ当たりな行為の報いとして、兄のシャールヴィと妹のロスクヴァを自分の召使いにした。シャールヴィはトールのよき相棒になったようだ。この神と肩を並べて戦い、なんと粘土巨人モックルカールヴィを倒している。

　フレーセイ島の女どもを相手にしたときは、そうはうまく行かなかった。この島でトールの船は女の一団に襲われ、シャールヴィは追い払われてしまっている。ある物語では、トールがこの一団との戦いぶりを自慢して、女を痛めつけるのは恥ずべきことだと諭されている。トールはそれに、あの者どもは「牝狼」であって断じて女ではない、と反駁する。曰く、短髪や男の格好、武装など女に一般的に禁じられていることをするなら、普通の女のように危害から守られると思うのがまちがいなのだと。

ソールとマーニ

ソールとマーニの父親は、人間のムンディルフェーリだった。ふたりがあまりに美しかったので、父親は太陽と月を意味する名前をつけた。すると神々がその思い上がりに腹を立て、ふたりを天空に上らせてしまった。ソールはここで、アールヴァクル（強い）とアルスヴィズ（速い）という馬が引く馬車に乗っている。

　ソールは運んでいる太陽の熱から身を守るために、スヴァリンという盾を与えられていた。マーニの月を載せた馬車は1頭立てだ。マーニは、地上で水を運んでいたヒューキとビルという子供をさらって、馬車の運行を手伝わせている。

　ソールとマーニは狼に追われている。狼はだいたい毎月1度月に追いついて、食いちぎってしまう。だが、マーニはそのたびに追手を引き離すので、月は元の大きさに戻る。いよいよラグナロクが近づくと、狼たちはついに太陽と月に追いつき呑みこんでしまう。

スレイプニルとその他の馬

駿馬中の駿馬といわれるオーディンの愛馬スレイプニル。8本の足でユグドラシルの幹を移動し、ひとつの世界から別の世界へと駆け抜ける。この脚力があるので、ヘルモーズがバルドルを解放してほしいと頼みに

いくときも、ヘルヘイムまでの足になった。それ以外の多くの物語でも、この馬はヘルモーズに協力している。スレイプニルの誕生の経緯は、かなり入り組んでいる。

アースガルズの城壁はヴァン神族とアース神族の戦争で崩壊していた。そのためミズガルズ方面から巨人族が攻めてくれば、神々の国にはその進軍を阻む

❖右──バルドルを返してほしいと頼みに行くために、スレイプニルはヘルモーズを乗せてヘルヘイムに行った。神々でさえ、ヘルに死者を解放せよと命じることはできない。もっともヘルはその気があれば、それに応じられたようだが。

手立てがない。神々もこのことを多少は気にしていた
ので、ある鍛冶屋がやって来て新しい防壁を造りま
しょうというと、一も二もなくその言葉に乗った。こ
れは少々早計だったかもしれない。というのもこの鍛
冶屋自身が巨人で、工事に対してとてつもない報酬を
要求してきたからだ。太陽と月をもらい、女神フレイ
ヤを妻にしたいというのだ。

　フレイヤは、それがいやでいやでたまらない。また
神々もどの女神にせよ巨人に嫁がせるなど言語道断と
思っていたふしがある。さらには、太陽と月を引き渡
すにしても、自分たちの所有物かどうかも疑問だった。
やむをえずその取引に応じた場合、それで何が起こる
かわかったものではない。だがロキは、実行不可能な

❖上──牝馬になったロキ
が現れると、魔牡馬のス
ヴァジルファリは作業を
ほっぽり出し、そのあとを
追って駆けだした。おかげ
でスヴァジルファリの主人
は工事を終えられずに、命
を差しだすはめになった。

条件を出して結果的にズルをすればよいと提案した。鍛冶屋には望みどおりの報酬を与える。ただしそれは、アースガルズの防壁をだれの手も借りずに、冬が終わる前に完成した場合にかぎるとしたのだ。

　それはどう考えても無理な仕事だったが、鍛冶屋は同意して作業に取りかかった。神々はしてやったりと思っていたが、防壁が驚くべき速さで築かれていくので、確信はたちまちぐらついた。たしかに鍛冶屋はだれにも助けられていなかったが、スヴァジルファリという魔法の牡馬の力を借りていた。冬の終わりを3日後に控えて工事はほぼ完成しており、神々は契約を守るはめになりそうだと観念した。逃げ道があるとしたらただひとつ。作業を遅らせる方法を見つけるしかない。

　神々はロキに食ってかかり、よくもひどい契約をしてくれたな、と非難した。そして期日通りに防壁が完成しないように妨害しろ、と命じた。失敗したら命がないものと思え。ロキは、牡馬がほとんどの作業をしているのだから、しばらく気をそらせる必要があると判断した。鍛冶屋と助手のスヴァジルファリが壁の材料になる石を取りに出かけると、牝馬がいた。牡馬はこの牝馬をいたく気に入ったが、それはロキが化けた姿だった。ロキは牡馬に自分を長いあいだ追いかけさせて、工事に滞りが生じるまで引きつけておいた。

　冬が終わったとき、アースガルズの防壁は門の周囲の石を数個だけ欠いた状態だったが、鍛冶屋は作業をやり遂げられなかったので、神々は約束を守らずにすんだ。作業中は鍛冶屋に危害をくわえない、というみずからが立てた誓いからも解放された。鍛冶屋はもはや誓いに守られていないので、殺しても問題はなくな

り、トールが早速実行に移した。

　かたやロキは、スヴァジルファリの子を宿した。そうして産み落としたのがスレイプニルだ。この名前は「滑走する（滑りやすい）者」を意味する。神々と人間、そしておそらく巨人の世界を見渡しても、この馬をしのぐ馬はいなかった。オーディンはスレイプニルに乗り、巨人フルングニルとその馬のグルファクシを重要な賞品、つまり敗者の首のかかった競走でうち負かしている。

　スレイプニルからは名馬の一族が生まれており、その中には英雄シグルズの愛馬グラニもいる。オーディンみずからがシグルズに手を貸してグラニを捕まえ、この新しい馬の面倒をよく見るのだぞ、どんな馬もかなわぬ名馬になるのだからな、といい聞かせている。グラニは魔法の牡馬と、巨人でアース神のロキの血を引いているのだから当然だろう。ロキはオーディンの義兄弟で、オーディンの馬の母親でもあるので、スレイプニルをオーディンの甥と考えることもできる。北欧神話がいかに奇々怪々であるかがわかるというものだ。

Odinn
Huginn

Kongur
Muninn

Hrafnar
tveir sitia
a Oxlum
han; their
a hugin
Muninn
þæra hoỏ
nu prickt
um alld
þeim

Allahymid
Lonttafeÿ
fargar na
dü þiödir;
Aður þyrbä
Omÿ a þndÿ
Sem aünü
ü þellü slö
der, þadur
Þburd Cop
ept Okni
emiðad.

Opin
byrtiſ
fÿdür
Maf
ekotti
Heck
z ha
Stu
um ſ
ÿr. S
ndü ſ
i he
mæ
iðar
hattä hö
kp. þ. dei
ÞÿdHö

第5章

エッダ

『詩のエッダ』『散文のエッダ』、もしくは人間の英雄や
重要人物について書かれたサガ。今日北欧の宗教と神話について
知られていることのほとんどが、こういったものから得られている。
一般的に認められている北欧神話の知識体系の大部分は、
明確な言葉で伝えられているのではなく、このような物語から推測されているのだ。

たとえば登場人物が、あの神の父神はだれそれだ、と
いった神話の事実関係をはっきり述べることがある。
だがそれと同時に、ケニングや隠喩が関係性や状況を
示すヒントになるような箇所も多い。

　そうした隠喩は矛盾していたり紛らわしかったりす
る。さまざまな詩や物語でまったく異なる事実が明か
されることもある。神ヘーニルは、ある物語ではかな
り有能に見えるが、別の物語では愚鈍なのでいちいち
ミーミルに相談しないと簡単な決断もできない。同様
に、物語が伝えられている地域が異なれば、同じ登場
人物のようでもまるで違う名前になっていることもあ

❖前ページ──中世のエッダ
の写本に描かれたオーディ
ン。武器は時代に合ってお
らず、この主神なら身に着
けたであろう直刃の「ヴァ
イキング」の剣ではなく、
ノルマン人の偃月（えんげ
つ）刀に近いように見える。

る。あるいはある物語では神とされている者が、異伝では王や王女になっていたりする。もちろんこうした異伝はどれもまちがってはいない。それぞれがひとつの物語として成立しており、問題が生じるのはただ、現代人が統一した北欧神話を求めるときだけなのだ。

『詩のエッダ』

『詩のエッダ』は『古エッダ』とも呼ばれる。古ノルド語の詩、つまり古歌謡を集成したものだが、書き留められて編纂されたのは中世のアイスランドだった。こうした詩のとくに重要な典拠となっているのが「王の写本」だ。この写本は13世紀に制作されているが、1600年代半ばにスカールホルトのブリニョウルヴル・スヴェインソン司教が手に入れるまで、存在自体が知られていなかった。1662年に司教は、これをデンマーク王に献上している。今日「王の写本」と呼ばれている所以である。その後コペンハーゲンの王立図書館で保管されることになり、1971年になってアイスランドに返還された。

『詩のエッダ』で使われたケニングは、スカルド詩の言いまわしほどまわりくどくない。

『詩のエッダ』は、その名が示すように、頭韻を用いた詩になっている。物語は長年語り継がれて保存されたあと文字に起こされている。口承では韻文の形式にすれば覚えやすいだけでなく、それが一種のエラーチェックにもなっていた。もしある節が押韻していなければ、まちがって覚えられている可能性がある。前後のつながりや、その物語が伝えていたはずの内容についての漠然とした記憶、そして押韻の知識を動員すれば、たいてい忘れた節を復元できた。ケニングが使

❖古ノルド語詩の解説

『散文のエッダ』は、古ノルド語詩で採りいれられている神話やケニング、作詩法の手引書であると同時に、『詩のエッダ』の物語のあらすじの整理として作成されているようだ。序文に続く3部の構成になっている。第1部の「ギュルヴィたぶらかし」は、世界の創造からラグナロクによる崩壊にいたる、壮大な北欧神話の総集編となってい

る。第2部の「詩語法」は、詩の神ブラギとアースガルズに住む巨人エーギルの問答の形式をとっている。この部分は神話と物語が多めだが、それだけでなく詩の本質論やケニングの例も扱っている。第3部の「韻律一覧」は、古ノルド詩の作詩法を具体的に示す目的で、スツルソンみずからが書きあげた部分だ。

用されるとこの過程で混乱が生じたりもするが、『詩のエッダ』に出てくるケニングは、スカルド詩の表現ほどまわりくどくない。

『散文のエッダ』

『詩のエッダ』が発見される前から、学者は『散文のエッダ』の存在を知っていたが、『散文のエッダ』が作られたのはそれより後の時代なので『新エッダ』とも呼ばれている。アイスランドの学者スノッリ・スツルソンが1220年前後に書いたというのが定説になっているが、現存する写本はこの年代以降に作成されている。そのいずれにも欠けたページがあり、現存する写本にはいくつかの種類がある。そうした中でもっとも損傷が少ないのが「王の写本」[『詩のエッダ』の「王の写本」とは別物]だ。そのほかにも現存していて程度のよいものに、中世の「ウプサラ写本」と「ヴォルム写本」がある。「トライェク写本」は1600年代に前の時代の写本を写したもので、これ以外にもバラバラになった中世の写本が3種類残っている。

『散文のエッダ』の序文では、北欧神話はゆがめられた古代世界の歴史だとするこじつけが試みられている。その説明によると、北欧の神々とされる者はトロイアの出身で、先進的な知識を用いて北ヨーロッパの原始的な種族の統治者になっている。神ではないオーディンのような人物が、現在のドイツにあたる地域を支配して王国をうち立て、息子にフランク人やデーン人などの種族を統率させたというのだ。なお、

✤上──知られるかぎり最古の写本。「ヴァイキング時代」からかなりあとのものだ。現存するエッダの写本は数冊しかなく、しかも完全な形ではない。

「Æsir」(アース神族)は、「アジアの人々」を意味する言葉から派生していると述べられている。

このこじつけにどのような根拠があったかはいまだにわからない。だがおそらくはキリスト教の権威者とのトラブルを避けるための方便だったのだろう。『散文のエッダ』が書かれた当時のキリスト教は、ことにほかの信念体系を目の敵にしていた。そのため他民族の神々をテーマにして本を書けば、著者は苦境に立たされる。ところが異教信仰を、誤って記憶された歴史から生まれたただの民話だと説明すれば、たとえ本文

で語られる話が同じでも、公表後に危険がおよぶ可能性は大幅に低下するのだ。

『散文のエッダ』の第1部「ギュルヴィたぶらかし」には、ギュルヴィ王(知られている中でスウェーデン最古の統治者)がすっかり騙されてアース族を神々として受けいれるようになった経緯が描かれている。このアース族は、『散文のエッダ』の序文に登場する人間オーディンの従者で、神ではない。ギュルヴィはガングレリを名乗って(人間の)アース族に会いに行く。そしてその宗教について質問し、ことごとく回答を得る。アース族はギュルヴィに自分たちは神なのだと信じこませようとする。つまりはこのような問答形式にしたので、スツルソンは教会の権威者に睨まれない方法で北欧の昔話を語れたのである。

スツルソン版の北欧神話は古い詩から再構築されており、初期のキリスト教学者であるスツルソンの色眼鏡をとおしたものになっている。そのためその神話は不完全で歪曲され、ところどころで安直に捏造されている。現代人が北欧神話についてもっている「知識」の大半は、たいていこうした物語をもとにしているので、9世紀のノース人が神々について信じていたことは、わたしたちの理解しているものと完全には一致していなかったかもしれない。スツルソンの北欧神話の扱いは批判されている。とはいえ、手に入る中でこれに勝る史料がないのも事実だ。またスツルソンは、このような古代の物語の保存にかけては、だれにも真似できない

❖下──スノッリ・スツルソン。エッダのところどころを捏造し、北欧の物語にキリスト教思想を吹きこんだとして批判されることが多かった。だがこの人物がいなければ、わたしたちの北欧神話についての知識ははるかに乏しかったろう。

賞賛すべき仕事を成し遂げているのである。

第2部の「詩語法」こそが、『散文のエッダ』のテーマを表現した部分だったのだろう。このエッダが生まれた頃は、主にキリスト教学の影響のために古ノルド語の作詩法は廃れつつあった。スツルソンは、そのような作詩法と使用される言葉を、北欧の詩そのものを彷彿させるスタイル、つまりは詩の神ブラギとアースガルズに住む巨人エーギルの対話をとおして示している。この部分は、古ノルド語の作詩法の解釈と作詩の指針におおいに役立つ。

第3部の「韻律一覧」では、古ノルド語のさまざまな作詩法が紹介されている。ここであげられている詩には、その詩の韻律にかんする注釈と、頭韻と押韻の使用規則の解説がついている。これは古ノルド語の作詩法をよみがえらせようとするスツルソンの試みだ。ただしスツルソンは自分が推奨する規則に、古ノルド語の詩が必ずしも従っていないことを認めている。この部分が書かれたとき、アイスランドの言語は変わりつつあった。そうなると多くの作詩のしきたりが失われたり、新しい世代にとっては無意味になったりしたのだろう。スツルソンは正しい作詩

❖下──「ギュルヴィたぶらかし」でギュルヴィは、ハール（高き者）、ヤヴンハール（等しく高き者）、スリジ（第3の者）の3人に質問する。おかしなことに、ハールが一番下の玉座に就き、ヤヴンハールが真ん中、スリジがいちばん高い玉座にすわっている。

法の手引を示し、その規則がどう使用されているのか
を見せることによって、昔の流儀を保とうとしたのだ。

　スツルソンは『詩のエッダ』の詩を原資料として多用
している。また北欧神話はトロイア人征服者の物語を
ゆがめたものだとこじつけようとしているのにもかか
わらず、『散文のエッダ』の執筆にあたっては、詩に
なった神話をかなり忠実に追っている。

エッダの詩

『詩のエッダ』に収録されている多くの詩は、多様な作
詩法で書かれ、古代の神々や巨人、怪物の物語を時代
を越えて伝えている。

❖「巫女の予言」
（ヴォルヴァ）

『詩のエッダ』の最初の詩。世界の創造と破滅を扱って
いるために、よく知られている部分である。「ヴォル
ヴァ」は巫女を表す言葉だ。注目すべきことに、この
巫女はまずヘイムダルの子、つまり人間に静かに耳を
傾けるよう求めている。となるとヘイムダルはある時
点で、人類の創造主だと信じられていたことになる。
もっともその後の神話では、明らかにオーディンがそ
の役割を担っているが。「巫女の予言」によると、世界
を海から引きあげたのは「ブルの息子たち」だった。
ブーリの息子はブル（またはボル）、そしてブルの息子は
オーディンなので、オーディン兄弟はこの部分で世界
を創造したと明言されている。この詩では、神々によ
るドワーフ創造のエピソードがこと細かに長々と述べ
られており、ドワーフの名前が列挙されている。また、
グッルヴェイグが現れるまで、神々は平和で幸せに暮

らしていたとも述べられている。このグッルヴェイグ、実はヴァン神の女神フレイヤで、アース神族のためにセイズの魔術を使ったがために、神々がその力をめぐって争うようになった。あげくのはてにグッルヴェイグ自身が暗殺されそうになり、それをきっかけにアース神族とヴァン神族は戦争に突入するのである。

この詩にはバルドル殺害の顛末も綴られている。この出来事から物事がラグナロクに向かって流れていくので、北欧神話の運命の瞬間といえる。ヴォルヴァは最終戦争を予言する。その時はオーディンもトールも生きのびることがかなわず、その後に新しい世界が出現する。巫女はまた生存者が飛竜ニーズホッグを目撃すると述べている。つまりは新世界になっても、何もかも理想的にはならないということなのだろう。

✤上──1666年版のエッダ。スノッリ・スツルソンの原作から4世紀後に作られている。挿絵には中世もしくはルネサンスの特徴が色濃く表れており、原作の精神を守ろうとする真摯な姿勢は見られない。

❖「ハヴァマール」

「ハヴァマール」（高き者の歌）はひと言でいうと、さまざまなテーマを扱っている詩である。その特色がよく表れているのが最初の「客人の部」だろう。内容は、さまざまな状況での人間関係についてオーディンが発した

箴言^{しんげん}となっている。

　その中には一般的な人生訓もある。財産はなくなり命ある者は必ず死ぬが、唯一、生前の生き方に対する評価だけは決して色あせない、などといったものだ。要は、名声を得るような優れた行ないは財産より重要で、この世の財産に意味がなくなったあとも長く残りつづける、ということだ。高貴な者(王の子)は寡黙で思慮深く、戦いでは大胆であるべきだが、快活で寛大でなければならない、という言葉もある。

　仲間から認められたいときは、酒をある程度飲んだら杯を次にまわす。そして「必要なことだけしゃべるか、そうでなかったら、口をつぐんでおけ」(『エッダ』谷口幸男訳、新潮社)。長居して迷惑がられるのも、たとえ他愛のないことと思っても人をバカにして笑うのも感心しない。信用しすぎることの落とし穴についても

❖下──ヴォルヴァ、つまり巫女からさまざまなことを聞きだすオーディン。巫女はしぶしぶながら、ラグナロクでオーディンとトールの命は尽きると告げた。世界が再生され、息子たちが生きのびることを知ったので、いくばくかの慰みにはなっただろう。

語っている。オーディンは、自分に微笑みかけて褒め
そやす者がすべて味方だと思いこむのは愚かだと警告
している。だがその一方で、どの友達にも公平に接し
て、分け隔てなく贈り物を与え笑いかける友人は尊い
とも話している。贈り物といってもたいそうなもので
なくてよい。オーディンは、多くの友人をパン半分と
酒杯半分で獲得している。

　命を失わないためのアドバイスもある。移動する際
も武器を忘れることなく、突然必要になるときにそな
えてつねに手元に置いておけ、といった注意もあれば、
旅先では部屋に入る前に怪しい気配がないか様子をう
かがえ、といった忠告もある。それからオーディンは
話題を女性に移し、たいてい女は移り気
なものだと警告している。

　オーディンの言葉だと思うと、どの口
がいうという気がしないでもない。案の
定オーディンは次の連で、ビッリングの
娘を口説こうとしたエピソードと、詩の蜜酒を手に入
れた武勇伝を披露している。後者の話でオーディンは
蜜酒を手に入れるために、蜜酒を見張っていた巨人女
グンロズの恋慕を利用し、好意を仇で返したと認めて
いる。蜜酒の所有者は父親のスットゥングだったため、
これはおそらく父親のカミナリが落ちるのをわかって
いてグンロズを置き去りにしたことと、彼女がふたり
の別れに、いかほどであれ心を痛めたであろうことを
指していると思われる。

　次は「ロッドファーヴニルの言葉」なる篇で、人生訓
が示されているが、多くの部分でそれ以前のオーディ
ンの言葉が繰り返されている。悪いうわさを面白がっ

「必要なことだけしゃべるか、そう
でなかったら、口をつぐんでおけ」
──「ハヴァマール」（谷口訳）

たり、訪問客をバカにしたりするのはやめたほうがよい、とオーディンは忠告する。人には心の内をさらけ出せる友人が必要なので、そうした友人がいないと満ち足りないと感じる。友情の絆を断ち切ると、結局は友を見限った側が傷つくことになる。それでも、とオーディンは警告する。口から出まかせをいうおべっか使いは友達でもなんでもない。

　靴や柄（おそらくは矢や槍の柄）を自分以外の者のために作るな、という賢明なアドバイスもある。だれかのために作った柄が曲がっていたり靴のできが悪かったりすれば、不信感を招きかねない。これを拡大解釈すると、他人のために特別に重要な仕事は引き受けるな、という忠告のように聞こえる。失敗や納得のいかない結果への非難から、悪意や呪いが生じるかもしれないからだ。

　次の「ルーンの話」で、オーディンはすでに得ていた知恵より素晴らしい知恵をいかに探求したかを物語っている。オーディンは主神である自分に生贄を捧げるために、槍をみずからの体に突き刺したままユグドラシルの木から吊りさがり9日9夜を過ごした。すると魔力をもつルーンが目の前に現れたというのだ。それからオーディンは、「ボルソルンの息子」から教わった魔法の歌を列挙している。ボルソルンの娘は原女巨人ベストラで、ベストラはオーディンを産んでいるので、「ボルソルンの息子」はオーディンの伯父となり、ミーミルのことをいっているのかもしれない。この部分でオーディンは、リョーザタルと呼ばれる自分の歌には魔力があると述べている。歌で剣をなまくらにし、病気を治し、飛んでくる矢を止め、呪いをかけた者に逆

にその呪いがかかるようにすることまでできるという
のだ。

❖「ヴァフスルーズニルの言葉」

問答形式の「ヴァフスルーズニルの言葉」は、オーディ
ンとフリッグの対話から始まる。ヴァフスルーズニル
は巨人族随一の知恵者ですから、この巨人を訪れるつ
もりなら命の保証はありませんよ、とオーディンは妻

❖右──多くのエッダの挿
絵には、キリスト教世界の
影響が見られる。このよう
な挿絵は中世だけでなくル
ネサンス時代にも制作され
ており、たいてい描かれた
時代の様式になっているの
で、題材を正確には描写し
ていない。

から忠告されたが、その言葉を無視してヴァフスルーズニルの館に向かう。

　オーディンは変装してガグンラーズになりすますと、ヴァフスルーズニルに客人として遇するよう求めたあと、知恵くらべを挑んだ。この勝負で敗者は命を落とすことになる。その後始まった問答では、北欧の宇宙観について多くのことが明らかにされる。ユミルの体から世界はどのようにして作られたのか、なぜ昼と夜があるのか、といったことだ。世界とその住人、ラグナロクのことなど、ふたりは知識を延々と披露して博識ぶりを競うが、オーディンがついにヴァフスルーズニルには答えられない質問をする。

　自分しか答えを知らない質問をしたのだ。オーディンはバルドルの葬儀で死んだ息子の耳元でなんとささやいたのかと。ヴァフスルーズニルはこの時客人の正体がオーディンで、勝てる相手ではないことを悟った。巨人はオーディンこそが賢者の中の賢者だと認めたあと、蕭々と運命に従った。

❖「グリームニルの歌」

最初と最後にかなり長い散文があるのが、ほかにない特徴となっている。おそらくは詩が書かれてかなり経ってから、読者が詩の背景事情を理解できるようつけくわえられたのだろう。純然たる詩の部分は、グリームニルなる人物によって語られている。実をいうとこれは変装したオーディンで、ふたつの火のあいだに座らせられるという拷問を受けている。そうすれば正体を現すだろうと思われているのだ。

　そもそもオーディンがフリッグと話をしなければ、

✥上──ゲイルレズ王は、
自分が主神を拷問していた
ことを知ると、あわてて椅
子から立ち上がって転んだ。
だが折悪しくちょうどその
下に、膝から落下した剣が
あった。ゲイルレズの息子
が王になるというオーディ
ンの予言は、こうして実現
したのである。

このような状況には陥らなかったのだ。このふたりは
かなり前にどういう理由からか、別人になりすまして
フラウズング王の息子たちを育てることにしていた。
オーディンの訓育を受けた弟のゲイルレズは、父王の
死後に王座についた。フリッグが面倒を見た兄のアグ
ナルはいまや洞窟暮らしをしている。

　オーディンが自分の養子のほうがアグナルよりずっ
と立派になったというので、フリッグは、ゲイルレズ
はよい王などではありません、客人が多すぎると必ず
ひどい扱いをするのですから、と答えた。これはのっ
ぴきならぬ発言だった。というのも北欧の伝統社会で
は、客人に対しては安全を保証し、その状況で最大限
のもてなしをすべきだとされていたからだ。

　オーディンはその主張が本当かどうか確かめようと、

変装してゲイルレズの館に向かった。ところがフリッグがゲイルレズに使者を送り、あなたの不幸を願う魔法使いが向かっています、と警告した。その魔法使いは、どんな犬も飛びつかないのでわかるでしょう。館に到着したオーディンはフリッグの思惑どおりに捕まり、ふたつの火のあいだに座らせられた。詩の部分はここから始まる。

　この詩の中でオーディンはまだグリームニルの姿で、読者に素性のヒントを与えないまま、宇宙や世界の本質、あるいはオーディンについてのさまざまな事柄についてとうとうと語りはじめる。ゲイルレズの息子のアグナルが（紛らわしいことに、ゲイルレズの息子の名前も、フリッグの育てたゲイルレズの兄と同じ）ただひとり飲み物をもってきてくれたので、オーディンはこの息子を祝福し、ゴート国の支配者になるだろうと明言した。

> 「館を見に、オーディンのもとを訪れる者にはよく知られているが、棟（たるき）には槍が走り、館は楯で葺かれ、ベンチのまわりには鎧がところせましとおかれている」
> ——「グリームニルの歌」（谷口訳）

　詩が散文にふたたび切り替わり、グリームニルが実は自分はオーディンだったと正体を明かして物語は終幕を迎える。主神を拷問していたのを知ったゲイルレズはあわてふためき、神を火から離そうとして、膝から剣を落としその切っ先の上に倒れた。そうして息子アグナルが予言どおりに次期王となったのである。

❖「スキールニルの旅」
この詩の中でフレイは女巨人ゲルズにのぼせあがる。主人が恋煩いで苦しむさまを見て、フレイの従者スキールニルは、ヨトゥンヘイムまで出向いて主人の代

理でゲルズに求婚することを承諾した。スキールニル
はゲルズの父親の館に到着すると、娘にフレイの妻と
なるよう説得する。この物語には異話があり、ゲルズ
が無理強いされずにフレイとの結婚に同意する話もあ
れば、次のようなぞっとするような脅しに屈する話も
ある。

　ゲルズがふた目と見られない姿にしてやると脅され、
愛のない人生を送るか、そんな姿を魅力的だと思って
くれる唯一の伴侶、つまり3つの頭をもつ巨人を受け
いれるかの選択を迫られるのだ。するとついにゲルズ
はフレイとの結婚に同意し、9日後にバッリの森でフ
レイと会うことにした。フレイはそれを聞くと、待つ
のは1日でも苦痛なのに9日は耐えがたいと嘆いた。

❖下——アイスランドの
トールの青銅像。祈りを捧
げる主要な対象は、やがて
オーディンではなくこの神
になった。北欧の物語はい
つしか、世界を創造しユミ
ルを倒した造物主がトール
となる方向に進展したのだ
ろう。

❖「ハールバルズの歌」

トールと渡し守のハールバルズ(灰色ひげの老人)が出会
う物語。この得体の知れない渡し守は、実はロキだっ
たともいわれるが、変装したオーディンだったという
のが通説になっている。

　トールはヨトゥンヘイムから戻る途中にこの人物と
出会う。この渡し守、なぜか神に対して無礼で尊大な
態度をとる。農民とまちがえたふりをして、トール
の服装をみすぼらしいとバカにしたりするのだ。

　トールは、水の中を歩かせるような真似をしたらた
だではすまんぞ、と脅しをかける。渡し守はいい
返す。ちっとも怖くはないさ、あんたは巨人のフル
ングニルを倒して以来、それにまさる手ごわい相手
には出会っていないようだしな。

　その後ふたりは恋愛と戦いの武勇伝を自慢しあ

い、自分が勝ち戦で巨人を討伐していたとき、お前は何をしていたのだと相手に水を向ける。トールがフレーセイ島の女の狂戦士（ベルセルク）と戦ったことを得意満面で話すと、ハールバルズは、女に危害をくわえるのは禁じられているのだから、それは恥ずべきことだという。トールは、あれは女というより牝狼だった、現に従者が危ない目に遭っているのだから、と答える。

するとハールバルズは、あんたの妻のシヴは不貞を犯しているのだから、怒りは情夫に向けたらどうだ、といい募る。そして舟をまわして向こう岸まで渡してくれという要求をはねつけながらも、代わりに国に帰るまわり道を教えることには同意した。とはいってもそれは険しく危険な道だ。トールは去り際に、この次顔を合わせるようなことがあれば、舟を出さなかったことへの礼をしてやる、といい捨てる。それに対して渡し守は、トールの悪運を願う悪態を吐く。

北欧神話ではありがちだが、この物語は一見とりとめのないように思える。だが、この場はトールとオーディンの偉業を説明するために利用されている。互いに侮辱を浴びせ挑発するのは、ただ自慢と自慢返しの中で物語を語らせるための方便にすぎないのだ。

❖「ヒュミルの歌」
トールが大蛇ヨルムンガンドを釣りにいき、巨人ヒュミルの醸造釜を盗みだした顛末が語られている。そもそもこの話はエーギルとラーンが宴会の準備をするところから始まる。この巨人夫婦は神全員が飲む量の蜜酒を醸造するために、巨大な釜か鍋を必要としていた。エーギルの気前のよさとその宴会の盛大さは有名だっ

たので、醸造釜は超巨大でなければならない。唯一それに見合う大きさの釜をもっていたのがヒュミルだった。この巨人は神々にはさほど敵意をいだいていなかったにせよ、エーギルとラーンほど親しかったわけではない。

トールは釜を手に入れてやろうといい、ヒュミルの住居に出かける。ヒュミルはトールにかなり好意的で、この神が滞在しているあいだに、食事に出すために牡牛3頭を殺している。それでもヒュミルは、トールのとてつもない食欲に太刀打ちできなかった。トールが最初の食事で牡牛2頭を平らげたので、ヒュミルは肝をつぶして悩んだあげくに、もっと食料を手に入れるためにはふたりで釣りに出るしかなかろう、といいだした。その時トールに餌を渡そうとしなかったことが、あとになってちょっとした悔いになる。

ヒュミルに、餌になるものを探して来い、といわれたトールが、ヒュミルのいちばん大きな牡牛の頭をちょん切ってしまったのだ。この餌をもってふたりが海に漕ぎだすと、たちまち2頭の鯨の収穫があった。ヒュミルは喜んだが、トールは漕手の役目を買って出てどんどん沖に出ていく。ヒュミルは心配して、お主の宿敵ヨルムンガンドはこの辺りの海底に住んでいるのだぞ、と指摘した。トールはそんな忠告には耳を貸さずに、大蛇を釣ろうと釣り糸を投げいれる。

ヨルムンガンドが餌に食いつき、トールが大蛇を引き寄せはじめた。大蛇が激しく暴れるので、トールは舟底を踏み抜いてしまう。それでも最後にはヨルムン

ガンドを引きあげることができた。槌に手をのばし止めの一撃をみまおうとする。と、その横からヒュミルが釣り糸を切ってしまった。トールが仇敵を殺し、それをきっかけにラグナロクが始まるのを恐れたのだ。

　かくしてヨルムンガンドは海に逃れた。トールは激高し、相棒を海に張り飛ばしてから舟を岸まで運んだ。ヒュミルの館に戻ると、いくつも頭のある巨人の大群に追われた。それを「殺し好き」と形容されるミョルニルで片っ端からぶちのめす。トールが鍋と鯨を分捕ったおかげで、神々はその後宴を楽しむことができた。

❖「ロキの口論」

エーギルが主催した別の宴席で起こった出来事が語られている。トールは出席していないが、ほかの多くの神々が顔をそろえていた。ロキはエーギルの召使いを殺してしまい、みずからを歓迎せざる客にしてしまう。どうやらその召使いをほかの神々が褒めそやすのでいらついたらしい。ロキは追い払われたが、こっそり戻ってくると、別の召使いから神々が話していることを無理やり聞きだした。

　ロキは宴会にくわわり、遠慮しろといわれたのにもかかわらず歓待を要求する。オーディンに、酒を飲む

ときは必ず杯を交わそうと誓ったではないかというと、臨席を許されたが、すぐさまトラブルを引き起こした。やれ腰抜けだ、不義を犯していると神々を非難しまくったのだ。ついに現れたトールに脅されて退席させられた。

この詩の最後は散文になっており、ロキがどのように洞窟につながれたのかが説明されている。ただしこの詩からは、それが宴会の直後にあったことなのか、それともほかの事情のあとなのかはわからない。

❖「スリュムの歌」

巨人スリュムがミョルニルを盗んだ物語。この話で特筆すべきなのは、ロキが、自分が原因ではない問題の解決に協力していることだ。この場合はミョルニルを取り戻すのに役立っているので、少なくとも時にはアース神族の一員として有用、いや必要ですらあることがわかる。トールは目覚めたときミョルニルがなくなっているのに気づき、例のごとく猛り狂う。そして槌が神の国にも人間の国にもないことを知ると、ロキに見つけるのを手伝ってほしいと頼む。ロキはそれでは、とフレイヤのもとを訪れ、鷹の羽衣を借りて身に着け、ヨトゥンヘイムまで飛んで巨人スリュムに詰め寄った。するとスリュムは、ミョルニルを地下8ロストのところに隠したと白状する。

ロキはアースガルズに戻ると槌がある場所を知らせ、槌を返してほしくば女神フレイヤを妻に寄こせ、というスリュムの言葉を伝える。フレイヤはまったくそれに応じる気はない。怒りに震えて首飾りのブリーシンガメンを胸から撥ね飛ばし、広間をも揺るがした。

するとヘイムダルが、ごまかせばなんとかなるのではないか、と提案する。花嫁のベールをまとったトールが、フレイヤの代わりにスリュムの宮殿に行くのだ。ロキは侍女に扮してつき添う。トールはそれを聞いて憤慨する。花嫁衣装を着るのは男らしくないというのだ。だがロキはこの時ばかりは分別を発揮して――とはいえ、この計画が面白かったせいだと思われるが――ミョルニルを取り戻さなければ、アースガルズは巨人に乗っ取られるのだぞ、と指摘する。

　トールは女のふりをするのが下手だった。女性たちにどうぞと「珍味」がふるまわれると、花嫁なのに3樽の麦酒を飲みほし、牡牛1頭と鮭8匹を平らげる。スリュムはいぶかしんだがロキに、フレイヤ様は婚礼を前に気もそぞろで、8日間食べ物が喉をとおらなかったのです、だから当然ひどく空腹でいらっしゃるのです、といわれると、そうかと頷いた。

「フレイヤ、わしにあなたの羽衣を貸してくれんか。槌をとり戻せるかどうか」
――「スリュムの歌」（谷口訳）

　その後スリュムは、新妻となる女に接吻しようとするが、怒りをたぎらせるトールの目を見て引きさがる。ロキはまたもや場を取り繕うはめになった。この時は、フレイヤ様は気が高ぶって8日間眠れなかったのです、と釈明した。スリュムはふたたびこの苦しい言い訳を信じると、ミョルニルを広間にもって来いと命じた。槌が婚礼の浄めの儀式のために花嫁に渡され、膝に置かれる。この槌でトールは数々の婚礼を祝福してきたが、この時は違った。ミョルニルを手にしたとたんに、目に入るあらゆるものに振りおろしはじめたのだ。そうしてスリュムとその一族を皆殺しにしたあと、トールとロキはミョルニルをもってアースガルズへと帰っ

ていった。

❖「ヴェルンドの歌」

この詩は「ヴァイキング時代」より前のゲルマン神話に起源があるようだ。しかももともとはスカンディナビア半島の外の物語だったのかもしれない。現存する写本の状態が悪いため、詩の復元は困難だ。

　ヴェルンドはある時点で、時代によってはエルフ族

❖「アルヴィースの言葉」

詩のタイトルが「アルヴィースの言葉」となっているのは、この詩で、ドワーフの賢者アルヴィースとトールが対話しているからだ。アルヴィースはトールの娘スルーズと結婚の約束をしていると主張するが、トールは認めない。だが、トールにしては珍しくオーディンばりの手に出て、アルヴィースに、宇宙にかんする質問に答えられたら、結婚を認めてやってもよいという。

トールの質問はすべて、同じものを異なる世界の者はどう呼ぶかというものだ。するとエルフ、ドワーフ、巨人、神、人間がおしなべて月、太陽、天などの天体に異なる名称をつけているのがわかる。アルヴィースの答えは基本的に、スカルド詩で用いられるケニングの入門的紹介になっている。

結局アルヴィースの知恵は無駄になった。トールが夜通ししゃべりつづけさせたため

❖上──トールの娘スルーズに求愛するドワーフの賢者アルヴィース。

に、太陽が顔を出すとその光を浴びて、ドワーフは石になってしまったのだ。これはトールらしからぬことだった。普段なら気に入らない求婚者を怒鳴り散らして追い払うか、その場であっさり殺してしまうからだ。

とも呼ばれた超自然的存在の優れた職人だった。このヴェルンドが兄ふたりと狩りに出たときに、3人のヴァルキュリャと出会う。3兄弟はそれぞれのヴァルキュリャを妻にする。ヴァルキュリャの少なくともふたりは王の娘だった。6人はともに幸せに暮らすが、7年経つとヴァルキュリャは務めに戻るために飛び去ってしまう。兄弟はみな自分の妻のあとを追った。ヴェルンドは妻エルルーンを探しに雪靴で出発したが、スウェーデン王ニーズスに捕らえられてしまう。

ニーズスはヴェルンドが作った宝物だけでなく剣ま

で奪い、足の腱を切って歩けなくする。ヴェルンドは島に幽閉され、ニーズスのための作業を強いられた。ヴァルキュリャの妻のために作った指環もニーズスの娘ベズヴィルドのものになった。ヴェルンドは復讐の手始めに、ニーズスの息子たちを黄金と宝石でおびき寄せて殺害し、その体の一部でニーズスへの贈り物をこしらえた。それからベズヴィルドを孕（はら）ませると、ニーズス王に自分が王の子供にした仕打ちを教えてやった。

❖「ヒョルヴァルズの子ヘルギの歌」

『詩のエッダ』の中には、ヒョルヴァルズの子ヘルギの生涯をテーマとする3篇があり、そのどれについても大きな論争が起きている。この物語が生まれたのはデンマークなのかもしれない。ヘルギがデンマーク王ハルフダンの息子だった可能性を示す証拠があるのだ。物語は時代とともにゆがめられ、残っている文も断片的で復元が困難だ。そのため大勢の学者が、これらの物語についてまったく異なる説を唱える結果になっている。最初の物語はヘルギの幼年期から始まっている。誕生まもないヘルギをノルンが訪れ、運命の枠組みを定めた。その英雄的性格が確立したのは、フンディング王を討伐して王の息子たちへの賠償を拒んだときだ。そのため争いが起こり、王の息子たちも命を失うはめになった。その後ヘルギはシグルーンというヴァルキュリャを助ける。シグルーンは意にそぐわない王子と結婚することになっており、ヘルギはその許嫁を討伐すると自分が代わって結婚した。

　別の物語では、ヘルギはヴァルキュリャのスヴァー

ヴァと出会っている。この時は名前では呼ばれておらず、スヴァーヴァがヘルギと名づけている。このヴァルキュリャは、敵の盾を突き通せる魔剣の在り処を明かし、戦闘でヘルギに加勢した。その後ヘルギは王や巨人を倒して英雄として名をあげ、スヴァーヴァを妻に迎える。この物語でも、巨人は太陽の光を浴びて石になっている。

　この話でヘルギは、女巨人と遭遇したばかりに最期を迎える。圧倒的な強さを誇るヒュロッキンらしき女巨人をヘルギは怒らせてしまった。決闘で呪いをかけられ、ヘルギは致命傷を負う。この詩は、スヴァーヴァとヘルギは生まれ変わる、という言葉で締めくくられ、第3部の「ヘルギの歌」へと続く。

この篇は古代詩を寄せ集めたものの一部であるようだ。最初の物語と似ているが、フンディング討伐の部分が異なるパターンになっている。

ヘルギはヴァルホルに連れていかれ、エインヘリャル（戦死者）の指揮を命じられた。

　ヘルギはヴァルキュリャのシグルーン（スヴァーヴァの生まれ変わり）と出会い、この時もひと肌脱いで許嫁の王子を討ちとり、気の進まない結婚を阻止する。ふたりは結婚し子供をもうけるが、ヘルギはシグルーンの弟ダグに裏切られる。ダグはオーディンから借りた槍の力でヘルギを倒し、シグルーンに呪いの言葉をかけられる。どうやらオーディンは、ヘルギをヴァルホルの戦士にくわえたかったようだ。

　ヘルギは偉大なる戦士にふさわしくヴァルホルに召され、オーディンにエインヘリャル（戦死者）の指揮を命じられた。時々人間界に戻っており、ある時などはシグルーンと墓塚で一夜を過ごしている。その後二度

✤右──ヘルギとヴァル
キュリャの妻シグルーン。
ここで描かれているように、
ヴァルホルで再会した可能
性がある。ほかの物語では、
ふたりとも人間界で生まれ
変わって、ふたたびめぐり
会ったとされている。

とシグルーンの前に現れることはなく、彼女はとうと
う胸が張り裂けて死んでしまった。ふたりはもう一度
生まれ変わっている。ヘルギは別のヘルギという名の
英雄として、そしてシグルーンはヴァルキュリャの
カーラとして。

　ヘルギのサガのあとには、「シンフィヨトリの死に
ついて」と題した散文が続いている。ここで死の顛末

が記されているシンフィヨトリは、シグムンド［オーディンの血を引くヴォルスング王の子］の息子で、ヘルギとシグルズにとっては異母兄にあたる。シンフィヨトリは、継母ボルグヒルドの弟を女性にかんするもめ事で殺める。ボルグヒルドは宴席で麦酒を出す際に、シンフィヨトリの酒に毒を盛った。シンフィヨトリはそれに気づき、はじめのうちは飲もうとしなかったが最後には口をつけて死んでしまう。『散文のエッダ』に収録されている「ヴォルスンガサガ」では、ヘルギの生涯の少なくとも部分的な出来事と、その後の物語詩の登場人物について、もっと辻褄の合った説明がなされている。

❖「シグルズの歌」、「グズルーンの歌」、
　「ブリュンヒルドの冥府への旅」
ゲルマン伝説でジークフリートとして登場するシグルズは、竜のファーヴニルを成敗する。この物語は『散文のエッダ』の散文で伝えられ、『詩のエッダ』でもいくつかの詩になっている。その最初が「グリーピルの予言」または「ファーヴニル殺しのシグルズの歌その1」と呼ばれる部分だ。エッダの多くの詩の例に漏れず、「グリーピルの予言」も問答の形式をとっており、この場合話者はシグルズ（シグムンドの忘れ形見でその後竜を退治）と叔父グリーピルとなっている。ここでグリーピルがシグルズの人生で何が起こるかを予言するので、読者はほかのいくつかの詩で物語られる出来事の概要を知ることができる。時系列的にはその出来事のほうがあとに起こっているが、「グリーピルの予言」は『詩のエッダ』の写本が発見されたあとにつけ足されてい

❖右──ファーヴニルの血
をうっかり舐めたシグルズ
は、鳥が何を話しているか
わかるようになった。おか
げで、育ての親で竜退治を
けしかけたレギンが、自分
を殺そうとしているという
警告も理解できた。

る。

　「グリーピルの予言」のあとの無題の部分は、切れ切
れになったひとつの詩とされることが多い。だが詩の
形式が統一されていないことを考えると、複数の詩が
編纂されている可能性がある。この篇は通例「レギン
の言葉」または「ファーヴニル殺しのシグルズの歌その
2」と呼ばれる。最初の詩と散文の部分では、オトルを
殺してしまったロキが、贖罪金の一部にするために呪
われたアンドヴァラナウトを手に入れたいきさつが語
られている。そうしてフレイズマル王に指環を渡すと、
息子のファーヴニルが欲に目がくらんで乱心する。そ

の後の詩の部分は、シグルズと養父レギンの物語となっている。

次の篇も無題だが、一般的に「ファーヴニルの言葉」と呼ばれており、シグルズがファーヴニルを退治したあと、養父レギンがシグルズを裏切る話が伝えられている。シグルズは指についたファーヴニルの血をたまたま舐めたために、鳥の言葉がわかるようになり、レギンの殺意を知り危うく難を逃れる。鳥はまたヴァルキュリャのブリュンヒルドとその後シグルズの妻となるグズルーン(グドルーン)のことも教えてくれた。

その次の篇も無題だが、一般的に「シグルドリーヴァの言葉」と呼ばれている。「シグルドリーヴァ」は「勝利をもたらす者」という意味で、ここではヴァルキュリャのブリュンヒルドを指している。彼女のシグルズに対する忠告の言葉がこの篇の大半を占める。エッダのこの部分で、ブリュンヒルドはシグルズにルーン魔術の使い方を教えており、このテーマに欠かせない重要な資料となっている。ただしこの部分の最後は「王の写本」から失われている。数ページ分のこの欠損は「大脱落」(Great Lacuna)と呼ばれ、一部は現存するほかの『詩のエッダ』の写本と照合を経て復元されている。

「王の写本」の欠損したところには「シグルズの歌」というきわめて長い詩の冒頭部分があった。ここでシグルズのサガは完結していたと思われる。どうやら短い「シグルズの歌」(70連ほどなのでそんなに短いわけではない)と、250連にもおよんだであろう長い「シグルズの歌」があったようだ。

欠損部分の出来事は、『散文のエッダ』に収録されて

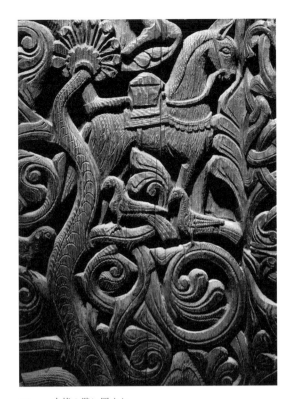

✧上──火焔の壁に囲まれたブリュンヒルド。だれも彼女を救えなかったが、勇者シグルズが炎を通り抜けた。この時シグルズは、ブリュンヒルドを義兄弟グンナルと結婚させるために、グンナルになりすましていた。

いる「ヴォルスンガサガ」の散文から補える。かいつまんでいうと、シグルズはブリュンヒルドの義弟と会う。その後グズルーンという女性がブリュンヒルドを訪ねて、こんな夢を見たのだけれどどんな意味があるのかしら、と尋ねる。ブリュンヒルドは、その夢の意味とこれから起ころうとしていることを説明する。

　次にシグルズはグズルーンと兄弟のグンナルの住む館を訪れるが、ここでその母親に忘れ薬を飲まされたせいでブリュンヒルドのことを忘れてしまった。しかもグズルーンをめとり、グンナルがブリュンヒルドを花嫁にできるよう協力もしている。ブリュンヒルドは燃えさかる炎にとり囲まれていたので、グンナルはそれを突破できない。シグルズはグンナルになりすまして、ブリュンヒルドに自分を救ったのはグンナルだと思わせ、このヴァルキュリャと3夜を過ごした。

　この物語には、シグルズが「ふたりのあいだに剣を置いた」とする説と、ブリュンヒルドがグンナルだと思うシグルズに身を委ねたとする説がある。いずれにせよ、ブリュンヒルドの婚礼の準備は、グズルーンとの口論のために中止になる。言いあううちに、ブリュ

ンヒルドは火を飛びこえて自分を救ったのは、グンナ
ルではなくシグルズだったのを知ってしまうのだ。ブ
リュンヒルドの凄まじい怒りは、グンナルにもシグル
ズにも鎮められない。真実を知って悲嘆にくれるシグ
ルズ。こみ上げてくるもののために着ていた鎖帷子も
張り裂けた。その一方で、グンナルはシグルズを逆恨
みして復讐を企む。

　シグルズはグンナルと手下によって「ライン川の南」
で殺害される。グズルーンは、あまりの仕打ちにグン
ナルに呪いをかける。ブリュンヒルドは、グンナルは
いまや誓いを破り義兄弟を手にかけたのだから、災厄
にみまわれるでしょう、と予言する。シグルズはもっ

✤左——ブリュンヒルドは
グンナルと挙式をすること
ができなかった。グズルー
ンと口喧嘩をしたときに、
自分を救った者の正体を知
らされたためだ。その後ま
もなくシグルズはグンナル
の刺客に殺され、ブリュン
ヒルドは悲嘆にくれて自害
した。

と生き永らえたら不世出の人物になっていたはずなの
です。またグズルーンにも、みずからの命を断ってシ
グルズのあとを追いあの世に行くべきです、わたしも
そうするつもりです、と告げる。だがそういいながら、
あなたは自殺せずに別の男とのあいだに息子をもつで
しょうね、とグズルーンの将来を見通してもいる。

❖「グズルーンの歌」
3部構成になっている。第1部では、グズルーンが夫シ
グルズの死を嘆いている。さまざまな者がグズルーン
を慰めようとする。わたしも大事な人を亡くしていま
すが、こうしてなんとか生きているのですよ、と。だ
がそうした言葉は彼女の心に届かない。その後の散文
の部分で、グズルーンはダンメルク(デンマーク)に旅し
てそこにしばらくとどまっている。一方ブリュンヒル

❖下──物語によっては、
シグルズはグンナルの刺客
に寝込みを襲われて、あま
り英雄にふさわしくない死
を遂げている。グンナルは
シグルズと義兄弟の契りを
交わしていたので、誓いを
破り縁者を殺害したことに
なる。

ドは何人もの召使いを殺すよう命じてから自刃する。その前にシグルズには、あなたの火葬用の積みまきの上に、殺された奴隷や犬、鷹を載せるので死出の供にしてください、伝えている。そしてこの従者とわたしが追いつくまで、あの世の扉を開けておいてくださいまし、と。

「ブリュンヒルドの冥府への旅」で場面は、シグルズとブリュンヒルドの葬儀に移る。ブリュンヒルドは、シグルズの横に自分の遺体を並べて火葬するよう命じていたが、彼女はシグルズのあとに別に茶毘に付された。冥府に向かうと門番の女巨人に会ったので、わたしだけのせいで死ぬ前の出来事が起こったのではありません、と弁明した。ブリュンヒルドはまだ幼子のときに姉妹とともにある王の捕虜になっていた。その後オーディンの逆鱗に触れたのは、戦闘でアグナル王（おそらくブリュンヒルドを捕らえた王）を勝たせて、オーディンがひいきにしていたヒャールムグンナル王を死なせてしまったため

✧上——戦死者をヴァルホルに運ぶヴァルキュリャ（この場合はブリュンヒルド）。ヴァルキュリャの役割というと、だれもがこうしたイメージを思い浮かべる。たしかにこのような姿のほうが、戦場の死体に舞い降りて死肉をあさるカラスの群れよりはるかにロマンチックだ。

だ。

　この罪のためにブリュンヒルドは炎の輪の中に閉じこめられ、勇士が助けにくるまで眠らされていた。その救済者というのが、義兄弟のグンナルに扮したシグルズだった。わたしは騙された側で、落ち度はないでしょう、とブリュンヒルドは指摘する。そして最後に、地上では生あるかぎり男と女は苦悩を背負いますが、わたしとシグルズは冥府で離れることはありません、と宣言する。

　「ブリュンヒルドの冥府への旅」のあとには、散文の「ニヴルング族の殺戮」が続く。どうやらここでも、詩と詩をつなぐ説明をあとからくわえることで、話の自然な流れを作ろうとしているようだ。

　「ニヴルング族の殺戮」では、グズルーンのふたり目の夫アトリが、妻の兄弟のグンナルとホグニを惨殺している。

アトリは妹ブリュンヒルドの死の償いに、グズルーンに妻になるよう迫った。

　ブリュンヒルドの兄アトリは、グズルーンの兄弟のせいで妹は死んだと思っていた。その償いにグズルーンに妻になれという。シグルズは忘れ薬を飲まされてブリュンヒルドのことを忘れ、グズルーンと結婚した。グズルーンもそれと同じものを与えられてアトリに嫁いでいる。忘れ薬の効果のほどは疑わしい。グズルーンは、アトリが自分の兄弟を殺すつもりなのを知ったときに、警告しようとしているのだ。だがそれも無駄に終わった。ホグニの心臓はえぐり出され、兄のグンナルは蛇穴に投げこまれ、肛門から体内に入ったクサリヘビに肝臓を食われてしまう。

　「グズルーンの歌その2」は、原文ではその1と同じタイトルだが、通常は区別するために「その2」がつけく

❖左──グズルーンの周囲
では、夫や肉親が相次いで
殺されている。幾多の悲哀
の幕開けは、夫シグルズの
死だった。グズルーンは物
語の中でそのことを延々と
嘆いている。

わえられている。現存する文章に欠けている部分もあ
るが、それでもこれは発見された中でほぼ完成形に近
い古代詩といえる。「その1」より古く、西暦1000年よ
り前のもので、内容はほぼ重複している。グズルーン
は「その1」と同じくシグルズの死を悲しむが、アトリ
に自分の兄弟が殺される運命にあることも嘆いている。
アトリは夢の中で、ふたりの息子を殺され、その肉を
グズルーンに食わせられる。

　「グズルーンの歌その3」ももともとはほかのふたつ
とまったく同じタイトルだったが、ふつう混同を避け
るために「その3」がつけられている。起源はドイツに
あるらしく、「ヴォルスンガサガ」が書かれた時代には、
スカンディナビア半島で知られていなかった可能性が

ある。要はゲルマン人の昔話で、姦通の罪を着せられた妻が、熱湯による神判で無実を証明するというもの（盟神探湯）。そのためには鍋の煮えたつ熱湯の中から石を拾いあげなければならない。一般的に鍋のお湯の深さは手首ほどまでだが、それよりずっと深いこともあったろう。もしこの試練で負った火傷が3日後に治ってきているなら、潔白が証明されたことになる。

「グズルーンの歌その3」はこの昔話の改作であるようだ。オリジナルの主人公の代わりにグズルーンやアトリなど、その当時よく知られていた登場人物が出てきている。この場合は、アトリの元側室のヘルキャが、グズルーンがスィオーズレク王と一緒にいるのを見たと告げ口する。グズルーンは、やましいことは誓ってしていません、という。王が訪ねてきたので、今は亡き従者や愛しい人たちの思い出話をしていただけです。わたしも兄弟の復讐を望んでいるくらいですから、と、ここで、グズルーンは内心を吐露する。そして盟神探湯をみずから受けるといいだす。熱湯に入れたグズルーンの手はなんともなかった。そうなるとヘルキャも同じ試練を受けなければならない。すると手がひどく焼けただれたので、くだんの証言はうそだったことが判明した。ヘルキャは沼地に投げこまれて溺れ死んだ。

❖上──『詩のエッダ』に収録された「グズルーンの歌」の原文。グズルーンの嘆きの部分は数種類ある。時間とともに物語がふくらんで脚色され、それに合わせて内容が追加されたのだろう。

「オッドルーンの嘆き」はゲルマン伝説に起源があり、シグルズとグズルーンの物語にあとからつけくわえられたと思われる。アトリの妹オッドルーンは、グズルーンの兄弟グンナルと愛を誓いあっていた。この詩のオッドルーンは、ヘイズレク王の王女、ボルグニーの秘密の出産を助けているが、グンナルと弟のホグニがアトリに殺されたときは無力だった。オッドルーン

❖「アトリの歌」

「王の写本」にはアトリを題材にした詩が2篇収められている。この人物のモデルはフン族のアッティラ王のようだ。2篇のうち短いほうが「アトリの歌」で、長いほうが「アトリのバラッド」である。どちらでもほぼ同じ物語が伝えられているが、バラッドのほうが細かい描写がくわえられて脚色されている。これらの詩はグリーンランドと関連づけられており、この国のいずれかの集落で書かれた可能性が高い。

「アトリの歌」では、アトリがいかにグズルーンの兄弟を殺害し、その後グズルーンに仇を討たれるのかが語られている。詳細はこの顛末を伝えるほかの物語とよく似ている。アトリは財宝をやるといって兄弟ふたりを自分の館に呼びよせた。兄弟はすでに大金持ちなので不審に思い、グズルーンもどうにかして警告を送る。それでも兄弟はアトリの館にやって来て捕らえられてしまう。アトリは黄金の隠し場所をいえ、というが兄弟は口を割らない。ふたりは処刑される。

アトリはその後兵とともに宴を開き、グ

❖上──ブリュンヒルドの予言どおり、グズルーンは悲嘆しても自害することはなく、代わりにブリュンヒルドの兄、アトリ王との結婚を強いられた。その結果アトリは命を縮め、館を焼き払われることになる。

ズルーンは飲み物と食べ物を運ぶ。宴の最中、妻はアトリにあなたが食べているのは息子たちの心臓ですよ、と告げる。そして酩酊して寝台に横たわっているアトリに、死の報復を果たす。グズルーンはアトリの黄金をばらまき奴隷を解放したあと、館を焼き払った。

の癒しの力をもってしても、クサリヘビに嚙まれた恋人の命は救えなかったのだ。

❖「グズルーンの扇動」と「ハムジルの歌」

「グズルーンの扇動」と「ハムジルの歌」が扱っている題材はよく似ている。そもそも詩の出来事の発端となっているのは、イェルムンレク王の所業だった。「ハムジルの歌」のこの人物はゴート族の王で、名前も何通りかに翻訳されている。エルマナリクともエオルメンリクとも呼ばれる王は、好戦的で残酷だった。この物語では、王がスニルダという女性をいかにサディスティックに処刑し、その後王に対しどのような報復が試みられたかが語られている。これはヨーロッパ北部全域で、さまざまな形で語り継がれている物語だ。北欧神話に組みこまれたときは、本来の犠牲者とその肉親が、ほかの物語の登場人物に置き換えられたようだ。

この物語によれば、グズルーンはシグルズとのあいだに娘をひとりもうけている。そのスヴァンヒルドがイェルムンレク王の王妃となった。イェルムンレクは、自分の息子ランドヴェールが王妃と密通しているのを知ると、物語によってはスヴァンヒルドを馬に踏みつけさせるか、股を引き裂かせて殺している。グズルーンは復讐するために息子のハムジルとセルリを送りこみ、イェルムンレクを殺害した。

こうした詩は断片的にしか残っておらず、もともと

❖下──ゴート族のイェルムンレク（エルマナリク）王にオーディンが、戦士ふたりの鎧には鉄の武器は通用しないので、剣を使うのではなく石を投げつけたほうがよいと忠告している。

は現在の形のようには書かれていなかった可能性が高い。どうやらある作家が、詩の残っていた部分をつなぎ合わせたようなのだ。「グズルーンの扇動」は、「ハムジルの古歌謡」とも呼ばれる「ハムジルの歌」をもとに作成されたと思われる。内容は同じだが、「ハムジルの歌」のほうが物語の筋書を追っている。「グズルーンの扇動」ではその大部分で、グズルーンがいまだにシグルズなど、自分のそれまでの悲劇的な人生で命を落とした者を一人ひとり悼んでいる。

　「ハムジルの歌」の中でグズルーンは息子のハムジルとセルリに、お前たちの姉は殺されたのです、と告げて、復讐を命じる。息子たちはそれが命を捨てに行くようなことだと知りつつも、やるだけやってみましょう、と答えた。グズルーンは、兄弟で要塞にいるゴート族戦士200人は屠れます、と断言している。この詩は断片的であちこちが欠落しているが、ほかの文献から察するに、グズルーンはなんらかの手段でこの英雄たちの鎧が武器を寄せつけないようにしたようだ。母はふたりに、魔法が解けてしまうので石など重い物に触れてはなりません、と警告する。

　ハムジルとセルリは道中で腹違いの弟エルプに出会う。エルプは、片手がもう一方の手を、片足がもう一方の足を助けるようにわたしにも手伝わせてください、と申しでるが、兄弟は受けいれる代わりに、詩の中で説明されていない理由で［グズルーンが予言したともいわれる］エルプを殺害してしまう。その後失敗と不運が重なり、ふたりはわが身を文字どおり手と足で防御せざるをえなくなる。その時になって自分らが恐ろしいことをしたために、3人目の戦力を失ったことに気づく

のだ。

　それでもハムジルとセルリはイェルムンレクの城塞に押し入った。戦士が宴に興じている中不意に現れ、瞬く間に衛兵を片づける。イェルムンレクは斬りあう音を聞くと、勇士を捕まえて縛り首にしてやると豪語する。また兵には、この兄弟には鋼の刃は役に立たないので、石をぶつけろと命じた。『散文のエッダ』でこの入れ知恵をしているのはオーディンだ。オーディンが老人の姿でやって来て、王にゴート族の無敵の殺人者の攻略方法を教えているのだ。

　ハムジルとセルリは観念して過ちを嘆く。何より腹違いの弟を殺してしまったことが悔やまれる。とてつもない数の敵に怯まずに立ち向かったのだから、そのことでおれたちの名声は押しも押されぬものになるだろう。運命に抗える者などいない、と言葉を残し、最後の連でふたつの躯（むくろ）と化す。

　「グズルーンの扇動」も同じ出来事を中心に展開する。それどころかこの詩の冒頭部分はそっくりなのだ。残りの部分では終始、グズルーンが自分の周囲で殺された人々のことを嘆いている。最後は、全ての人の今後の苦しみが少しでも軽減されるように、という言葉で締めくくられている。グズルーンの不幸と悲哀の物語と比較すれば、自分の苦しみなどまだましだと思えるように、ということだろう。

サガ

北欧のサガは数多く存在するが、その全てが宗教や神話にかんする物語ではない。ただし、話のついでに言及されることはある。王や司教、アイスランド人のサ

ガは元来史実にもとづいている。そのため登場人物が宗教的な話題を口にすることがあったとしても、そのサガ自体は神話ではない。ただし中には、北欧神話を再現または引用して、人間と神、怪物を混在させている例はある。

たとえば「エギルのサガ」では、英雄エギル・スカラグリームソンが「侮辱の棒」（ルーン文字を彫った棒の上に切り落とした馬の首を載せたもの）を使い、土地の精霊がエギルの敵を呪うよう仕向けている。このエギルは神話の英雄ではない。既知の歴史的人物と交流のあった実在の人物として示され、現代のアイスランド人の多くに祖先のひとりと考えられている。このように史実と神話の区分が曖昧なものは、「英雄（神話）史」と呼ばれ、神話から抜けだしたような出来事に実在の人物がかかわることが多い。

「ヴォルスンガサガ」の重要性がとくに高いのは、『詩のエッダ』とほぼ同じ物語を伝えているからだ。とはいってもサガのほうが首尾一貫しており、オーディンが介入する場面をところどころ交えてはいるが。この物語の発祥はおそらく「ヴァイキング時代」以前の中央ヨーロッパで、ゲルマン人の土地を経てスカンディナビア半島に伝わったのだろう。ゲルマン版のとてもよく似た話が、抒情詩『ニーベルンゲンの歌』にもあるのだ。『散文のエッダ』と同様、「ヴォルスンガサガ」に

✤上──北欧の英雄が描かれたペンダント。1000年頃のヴァイキング集落で見つかった膨大な埋蔵品の一部。「ユングリング家のサガ」で述べられている「オーディンの法」によれば、現世で隠した財宝は来世で使えるのだという。

は神話にも出てくる人物が登場する。ここではファー
ヴニル一家はドワーフではなく人間だ。とはいっても、
かなり魔術師に近い存在だが。

❖「ヴォルスンガサガ」

このサガの内容は、『詩のエッダ』で語られる多くの出
来事と重なるが、語り口は散文だ。この物語はまず、
オーディンの息子シギが、嫉妬に怒り狂って奴隷ブレ
ジを殺害し、そのために追放される事件から始まって
いる。オーディンがここで無法者を庇っているのは明
らかだ。どこで船と兵が見つかるのかを教え、つまり
は王となることを許しているのだ。

❖下——バルンストックの木に魔剣を突き立てるオーディン。この剣は、唯一抜くことができたシグムンドのものになった。シゲイル王が剣をほしがったが、シグムンドが売ろうとしなかったことから、悲劇の連鎖が始まっている。

シギの息子レリルは父をも超える偉大な王だったが、なかなか子に恵まれず、妻は神々から送られた魔法のリンゴを食べてようやく身ごもった。その後出産にいたるまで6年間を要し、母は息子ヴォルスングの誕生と引き換えに命を落とした。ヴォルスングも偉大な王で、息子のシグムンドと娘のシグニューをはじめ多くの子をもった。シグニューはガウトランドのシゲイル王に求婚され、いやいやながら嫁がされる。

ヴォルスング王の館の中心には、バルンストックという木がそびえ立っていた。謎の人物が

ここに現れ、その幹に剣を突き立てて、引き抜ける者
に与えようという。この人物はほぼまちがいなくオー
ディンだろう。さまざまな者が試みたが剣は抜けず、
シグムンドが手をかけると意外にもたやすく抜けた。
シゲイル王はその剣をなんとしても手に入れようと黄
金との交換を申しでたが、シグムンドは応じない。

　シゲイルは断られた腹いせに仕返しをしようと、
ヴォルスング王一家を自分の国に招待した。シグ
ニューから身の危険が迫っていると警告されたのにも
かかわらず、到着した一行は襲撃を受ける。ヴォルス
ングは斃（たお）れた。シグムンドを含む息子たちは捕らえ
られ、野生動物の餌食にするべく足枷（かせ）をはめられた。ひ
とりまたひとりと命を落とす兄弟。シグムンドは最後
の生き残りとなったが、シグニューに助
けられて、森に逃れ生きのびた。

ヴォルスングと兵はうち負かされ、
息子たちはみな捕らえられた。

　シグニューには夫シゲイルとのあいだ
にふたりの息子がおり、シグムンドに協力させてまだ
若いふたりの勇気を試した。すると臆病なことがわ
かったので、シグムンドに始末させた。その後シグ
ニューは魔女と姿をとり替えて、魔女がシゲイル王と
寝所をともにするあいだに、兄シグムンドのもとを訪
れる。ふたりは思いを遂げ、やがてシグニューは息子
を産んでシンフィヨトリと名づけた。シゲイルはこの
少年をわが子と思って育てる。シンフィヨトリも、シ
グムンドのもとに送られて勇気を試されたが合格した。
シグムンドは狩りや襲撃にわが子を同行させた。

　そうして遠出をしたある時、シグムンドとシンフィ
ヨトリは盗んだ狼の皮がしばらく脱げなくなり、動物
のように走りまわって互いに牙を立てあった。あやう

く死にかけるシンフィヨトリ。それを救ったのはカラスが運んできた魔法の葉だった。こうした荒行でしたたかさを身につけた少年は、自分の家族を殺してもかまわないと思うまでになった。シグムンドとともに復讐のためにシゲイルの館に忍びこむと、シグニューとシゲイルの子供ふたりに目撃された。シグニューはこのふたりをシグムンドのところに連れていき、殺したほうがよいというが、シグムンドに拒まれる。

　シンフィヨトリは躊躇なく子供たちを殺害すると、遺体をシゲイル王のところにもっていった。さらにシグムンドとともに王に襲いかかったが、逆に囚われの身となる。ふたりは墓塚の中に生き埋めにされた。だがシグニューが、藁の束の中にシグムンドの剣を隠して投げいれたおかげで脱出を果たす。ふたりはシゲイルの館に火を放ち、ヴォルスングの王家が死に絶えたと思ったら大間違いだと宣言する。シグニューはシゲイル王とともに火の中にとどまることを選ぶが、シグムンドとシンフィヨトリはヴォルスングの王国にまい戻った。

　その後シグムンドはボルグヒルドを新しい伴侶にして、ハームンドとヘルギという息子をもった。ヘルギはノルンによって、いずれどの王もしのぐ偉大な王になるだろうと予言される。だが当面は襲撃の腕前を上げていた。シグルーンと出会ったのもその頃だ。ただしこの女性にはホッドブロッド王という親の定めた許嫁がおり、この結婚が気に染まないシグルーンは、ヘルギに自分のために戦って、と頼む。ヘルギは、ホッドブロッドとの戦いに挑むべく、シンフィヨトリをともなって軍勢を率いた。するとシンフィヨトリとホッ

ドブロッドの父親［弟説もある］が侮蔑の言葉をぶつけあ
い、互いに引くに引けない状況になった。

　この戦闘でヘルギの戦士は、盾もつ乙女（ヴァルキュ
リャのことだろう）の軍団に助けられてホッドブロッド軍
をうち破った。ヘルギはホッドブロッドの王国をも
らったと宣言し、シグルーンをめとる。この先ヘルギ
は「ヴォルスンガサガ」から姿を消すが、シンフィヨト
リのほうは襲撃を続けており、そのあいだにある女性
に出会う。彼女はシグムンド王の妻ボルグヒルドの弟
に、自分のものにならないかと迫られていた。シン
フィヨトリはこの義理の叔父を決闘で倒す。

　ボルグヒルドは弟を殺したシンフィヨトリを追放し
てくださいまし、とシグムンドに頼んでも聞きいれら

❖上──シグムンドの剣は
オーディンの槍の柄とぶつ
かると折れてしまった。シ
グムンドは死に際に、オー
ディンがその剣をほかのだ
れかに渡したがっていたこ
とを悟り、その残骸を生ま
れてくる息子のために保管
するよう命じた。

れないので、みずからの手で毒殺した。シンフィヨトリは毒入りの酒であるのがわかっていて杯を傾けるつもりはなかったが、父親のシグムンドが不用意にも酒を勧めたので口に含んだ。それがシンフィヨトリの命取りになった。シグムンドが冷たいその体を近くのフィヨルドに運ぶと、謎めいた渡し守に出会う。これはほぼ確実にオーディンだろう。渡し守は向こう岸まで舟で運んでやろうと申しでるが、舟が小さくて3人は乗れないという。結局シンフィヨトリの遺体を載せて、シグムンドを置き去りにした。その舟は戻ってこなかった。

王妃ボルグヒルドは、シグムンドに追放されたあと亡くなった。シグムンドはやがて王女のヒョルディースと再婚する。この王女はその頃には老境に達していたシグムンドとリュングヴィ王の両方から求婚されており、ふられた側のリュングヴィ王は腹を立てて、シグムンド軍に攻撃をしかけてきた。この戦闘中に、頭巾つきのマントをはおった隻眼の男が、シグムンドに槍で襲いかかってきた。もちろんこれはオーディンで、オーディンが昔授けたシグムンドの剣は、魔槍とぶつかると折れてしまう。シグムンド軍は敗退し、将は傷ついた。

死期が迫ったシグムンドは妻ヒョルディースに、腹に子がいるのはわかっておるぞ、と話す。オーディンは明らかにわしにこれ以上魔剣をもたせたくなかったのだ。この魔剣を鍛えなおしてグラムと命名し、わが息子が必要とするときに与えよ。シグムンド亡きあと、ヒョルディースはヴァイキングの略奪者に捕らえられ、支配者のアールヴ王のもとに連れていかれた。アール

オーディンは若きシグルズに、最高の名馬グラニを贈った。

ヴはヒョルディースの話を聞くと結婚を申しこみ、その息子をわが子として育てた。

　少年はシグルズと名づけられ、ノース人の伝統に従って、フレイズマルの息子レギンに養育された。レギンはルーン文字の読み方や外国語の話し方を教えた。またある時にはオーディンが贈り物をもってシグルズに会いにきている。贈り物の若駒をシグルズはグラニと名づけた。オーディンは、この馬はスレイプニルの血を引いて素晴らしい名馬になるはずだから、よく世話をするのだぞ、と命じる。

　その後レギンはシグルズに、わしの父フレイズマルは兄のファーヴニルに殺されているのだ、とうち明け

❖左──シグルズの養父レギンが、折れたシグムンドの剣を鍛えなおしている。できあがった剣は金床を一刀両断して、竜をも倒せる切れ味を見せた。この剣はグラムと名づけられた。

た。弟のオトルはカワウソになって魚を獲っているときに神ロキに殺されている。フレイズマルが息子の命に対する贖罪金を要求すると、ロキはドワーフのアンドヴァリから呪われた指環を取りあげてもってきた。ファーヴニルは指環の呪いのために欲で目がくらみ、財宝をすべて盗みだした。そして竜に姿を変えて財宝を守り、今では在所を恐怖に陥れているのだという。

シグルズは、鍛冶職人であるレギンに竜退治のための剣を鍛えてほしいと頼んだ。当初できた剣はどれも期待外れだった。シグルズが剣を金床に打ちつけると砕けてしまうのだ。ところがシグルズが折れた名剣グラムをレギンに渡すと、鍛えなおされたその刃は、金床をすっぱり切断した。

シグルズはその後、母の弟グリーピルと話をしている。この未来を見通せる叔父は、ファーヴニルを追うより、父シグムンドの仇を討つのが先だろうという。そこでシグルズは軍勢と船を率いてリュングヴィ王と戦い、決着をつけた。そのうえで竜ファーヴニルの討伐遠征に出ると、同行していたレギンは、シグルズに竜の止めの刺し方を教えたあと姿をくらましてしまう。また、シグルズが竜を待ち伏せするために掘を作っていると、長い顎ひげの老人が現れ（またもやオーディン）、ファーヴニルの血で溺れないよう、血を流す掘をもっと作ったほうがよかろうと助言してくれた。

シグルズのひと突きは竜ファーヴニルの致命傷となった。シグルズは死ぬ間際のファーヴニルと言葉を交わす。財宝は置いていくがよいぞ、といわれたが、シグルズは血のしたたる竜の心臓とともにもち帰る。この心臓は、食べたいというレギンに焼いて差しだし

た。ところがシグルズは指についた竜の血を舐めたために、鳥の言葉がわかるようになっていた。すると鳥が、レギンが裏切ろうとしているよ、と教えてくれたので、剣グラムでレギンの首をたたき切った。

　竜の財宝を安全な場所に移したあと、シグルズは鳥の忠告に従ってある山にやってきた。ここではヴァルキュリャのブリュンヒルドが、炎の輪の中で眠っていた。ブ

リュンヒルドを起こすと、彼女はシグルズが何者かを知っていた。わたしはオーディンに逆らった罰としてここに閉じこめられていたのです、という。ブリュンヒルドはその後シグルズに、魔力を発揮するルーンの使い方を教えた。

　シグルズはブリュンヒルドと別れ、彼女の妹が嫁いだヘイミルの国を訪れる。ブリュンヒルドも遅れてここに到着したが、シグルズの愛を受けいれようとはしなかった。あなたはギョーキ王の娘、グズルーンとむすばれる運命にあるのですから、というのだ。グズルーンはブリュンヒルドに会いに来ると、最近見たとてもいやな夢は何を意味しているのかしら、と尋ねる。ブリュンヒルドは差し迫った未来を予言して、グズ

ルーンを動揺させた。

　その後ギョーキ王の館を訪れたシグルズは、王妃グリームヒルドに忘れ薬を飲まされて、ブリュンヒルドのことを忘れてしまう。そうしてグズルーンと婚礼をあげ、妻の兄弟であるグンナル、ホグニ、グトルムと義兄弟の契りを交わした。夫婦のあいだには息子が誕生し、シグムンドと名づけられた。

　グンナルは母親からブリュンヒルドを嫁にもらえとせっつかれていたが、ブリュンヒルドは結婚をいやがって、求婚者を寄せつけ

❖上——シグルズは忘れ薬を飲んだために、グズルーンとの結婚に躊躇しなかった。その前に結婚を拒まれたブリュンヒルドのことは忘れてしまった。だが最後には、グズルーンの自慢話からブリュンヒルドが騙されていたことがばれてしまう。

ないために火焔の壁の後ろで籠城してしまう。そしてこの壁を突破できる方としか結婚しません、と宣言した。グンナルはシグルズに協力してもらっても火の壁を越えられなかったので、シグルズがグンナルに変装してブリュンヒルドのもとにたどり着いた。ふたりは3晩をともにしたが、シグルズは寝台のふたりのあいだに抜き身の剣を置いた。シグルズはまた、ブリュンヒルドの指からアンドヴァリの魔法の指環をこっそり抜きとって、別の指環をはめている。

　ブリュンヒルドは騙されたのに気づかないまま、グンナルと結婚した。ところがグズルーンとブリュンヒ

ルドは折り合いが悪く、どちらの夫が上かでいい争い
になった。グズルーンは、シグルズはファーヴニルを
成敗しているわ、といい、ブリュンヒルドの反論を封
じるために、あなたを救出したのはグンナルではなく
シグルズよ、と真実を告げてしまう。

　ブリュンヒルドは裏切られたと憤慨し、グンナルに
シグルズなど殺してしまって、とたきつけた。義兄弟
の契りに縛られているため、グンナルにはそれができ
ない。弟のホグニにしても同じだった。それほど契り
の固くない末弟グトルムが刺客として送られ、シグル
ズの寝込みを襲った。瀕死の重傷を負うシグルズ。だ
が逃げるグトルムに剣を投げつけると、一刀両断した。
グズルーンの嘆きを耳にしたブリュンヒ
ルドは自責の念に駆られ、シグルズの隣
で火葬してほしいといい残してみずから
の命を絶つ。

グズルーンは借りた鎖帷子で身
を固め、兄弟とともにアトリの兵と
戦った。

　その後グズルーンは行方をくらませ、
7年半が過ぎてようやく家族に探しだされた。家族は
アトリ王（ブリュンヒルドの兄）に、ブリュンヒルドの死
を償うためにグズルーンを結婚させると約束していた。
アトリはファーヴニルの黄金をわがものにしたいと思
い、グズルーンの兄弟ならその在り処を知っているだ
ろうと考えて、ふたりを館に招いた。グズルーンはふ
たりに警告した。にもかかわらず兄弟がやって来たの
は、警告を刻んだルーン文字が、寝返った使者に変え
られて、アトリの裏切りを伝えていなかったからだ。

　ルーンが変えられているのには勘づいていたが、い
ずれにせよ兄弟はアトリの館に出向いた。するとアト
リはファーヴニルの財宝の在り処を明かせと迫る。ふ

❖次ページ──ブリュンヒルドは夫のグンナルをたきつけてシグルズを殺害させておいて、自責の念に苛まれて自殺する。この絵でブリュンヒルドは、シグルズの火葬用の積みまきの上に飛び乗っているが、ほかの物語では別々に火葬されている。

たりはその要求を一蹴すると、アトリの居並ぶ衛兵を相手に戦った。グズルーンも借りた鎖帷子で身を固め、兄弟とともに刃の中に飛びこむ。とうとう敵に圧倒され、ホグニは心臓をえぐり出されて無残な死を遂げた。グンナルはそれでもアトリに屈しようとしない。財宝がどこにあるかを知っているのはおれひとりだが、その秘密を明かすつもりはない、といい放つ。すると蛇穴に放りこまれたが、竪琴(グズルーンが渡してくれた)を足で奏でたためにしばらくは生き永らえた。だが、ほとんどの蛇は竪琴の音で眠ってしまったが、1匹だけが眠らず噛まれてしまう。

　グズルーンは、アトリとのあいだにもうけた息子ふたりを殺めることで復讐を果たした。息子たちの血をワインに混ぜ、心臓とともに宴でアトリに供する。ホグニの息子ニヴルングはアトリ相手の戦闘を生きのびていたので、グズルーンはこの甥とともにアトリの館に火を放ち、夫の胸に刃を突き刺した。ヴォルスング族のサガは、かくして終焉を迎えるのである。

第6章

ラグナロク

死後には何が起こるのだろう。古代北欧の宗教には、
必ずしも首尾一貫していない異説がいくつかあった。
それによると善人の生涯を送った者と悪人だった者とのあいだに単純な区分はない。
ノース人の考える白黒の区別は、一神教文化とくらべるとはるかに曖昧。
そのため、そうした善悪の区分は相いれなかったのだろう。

勇敢に戦死した者にはヴァルキュリャの迎えがあり、エインヘリャルとして生き返ってラグナロクを待つという望みがある。戦死者の半数がヴァルホルの館に行き、あとの半数がフォールクヴァングの館に行く。どちらの館も同じようなものだが、ヴァルホルの主はオーディンで、フォールクヴァングを支配するのはフレイヤなので、この双方にはなんらかの違いがあったのだろう。

　ヴァルホルで食料になったのは、巨大豚のセーフリームニルだ。この豚は夜の宴のために殺されても翌日には生き返るので、毎日肉をとることができた。料

❖前ページ──ラグナロクでは神々の多くが、それぞれの最大の敵と戦い、相討ちになる。トールは自分の命と引き換えに大蛇ヨルムンガンドを倒す運命にあり、敵をうち負かしたことを知った直後に息を引き取った。

理人のアンドフリームニルはそれをエルドフリームニルという大鍋で煮ていた。ヴァルホルの屋上には牝山羊のヘイズルーンがいて、たえず蜜酒の乳を出している。また牡鹿のエイクスュルニルも屋根におり、その角からしたたり落ちる水が、フウェルゲルミルの泉を満たしていた。山羊も鹿もレーラズの木の葉を食べていた。この木はオーディンの館の近くに生えており、一般的にユグドラシルであると考えられている。オーディンが自分を生贄として捧げて、ルーンの力を得たのもこの木だったのだろう。

　ヴァルホルの館では、精鋭の戦士が夜通し宴に興じ、ヴァルキュリャの運ぶ蜜酒を飲んでいた。日中は際限のない戦闘に身を投じて、ラグナロクにそなえている。戦闘中に殺されたり体の一部を失ったり、ひどい時はバラバラに切り刻まれたりしても、毎晩元の体に戻る。とはいえ、ヴァルホルにいるだれもが自分の運命を喜

✿下──夕べの宴を楽しみ杯を傾けるエインヘリャル。日中は仲間を相手に戦い、多くの死傷者を出していた。そうした傷は魔力で治ってしまう。蜜酒の深酒も二日酔いにはならなかったのだろう。

❖ヴァルホルとは？

ヴァルホルは「戦死者の館」と訳され、しばしばヴァルハラとも呼ばれるが、実をいうとこの名称の転訛はわりと最近起こっている。この館はオーディンの神殿グラズヘイムの中にあった。いかにも武人にふさわしい場所で、垂木には槍の柄が使われ、屋根は盾で葺かれている。それでもここにはじめて近づき目にした者は、穏やかにそびえ立っていたと描写している。ヴァルホルの正面にはヴァルグリンドという門がある。

また、この館には540枚の扉があるので、全部で800人いる戦士も一斉に出ていけた。トールの館ビルスキルニルはヴァルホルの中にあるといわれているが、別の文献ではスルーズヴァンガル（力の平原）にあるとされている。いずれにせよ、オーディンはビルスキルニルには540の部屋があると述べているので、その言葉通りならヴァルホル内で最大の館となる。

んでいたわけではなさそうだ。英雄ヘルギは死後ヴァルホルに送られ、オーディンからここの統率を手伝うよう命じられた。それはおそらくヘルギにとって喜ばしいことだったのだろう。ノルンはヘルギが偉大な王になると予言していたのだ。ところがヘルギの宿敵フンディングにとってはそうではなさそうだ。ヴァルホルに召喚されたのだから、フンディングもヘルギ相手に天晴に戦って死んだのだろう。それなのにヘルギは、フンディングに動物の世話や、疲れたエインヘリャルの足洗いをさせていたのである。

「主人の原」「人々の原」を意味するフォールクヴァングは、フレイヤの館セスルームニルがある土地または草地だった。フォールクヴァングについてはあまり多くは知られていないが、そこで目的とされたことはヴァルホルと大差ない。フレイヤ自身もヴァルキュリャなのかもしれない。というのも戦闘があると毎日戦死者の半数を選んでいると記されているからだ。この言葉を、ヴァルホルとフォールクヴァングのどちら

かに連れていく戦死者の中から、フレイヤが最初に、つまりオーディンより先に選んでいると解釈することは可能だ。だがなぜそうなのかは、フレイヤがヴァルキュリャとして選考を任せられているのでなければ説明がつかない。

ヒャズニングの戦い

フレイヤはいつ果てるともなく続くヒャズニングの戦いも取り仕切っている。これはヴァルホルの外で繰り広げられる戦闘とよく似ているが、編成されている二軍がぶつかりあう点だけが違う。この軍隊は、毎晩死傷者を再生することで恒久的に維持される。戦闘はある島で行なわれるといわれ、スノッリ・スツルソンはそれをオークニー諸島の島としていた。

ヴァルホルとフォールクヴァングの館は、戦場でとくに勇敢な戦いぶりを見せて死んだ者にのみ開かれている。海で命を落とした者はラーンの国に行き、あとの者はすべてヘルの管轄になった。ヘルヘイムの不気味なあの世のイメージは、キリスト教によって歪曲されたのだろう。もともと「ヘル」は、死ではなく隠ぺいや隠れ場所を連想させる言葉だった。死者は、生者の知覚を超えた存在だということなのだろう。

ヘルヘイム、つまりヘルの国は次のように説明されている。この死者の国はニヴルヘイムに伸びているユグドラシルの根の下にあり、高山の壁に囲まれている。ここに入るためには、ギョッル川にかかるギャッラルブルー橋を渡り、大きな門をくぐる。すると死者は二度と門を出られなくなる。

✣下——ヴァイキング時代より前の小立像。おそらくフレイヤ像だろう。フレイヤは豊穣の女神だったが、フォールクヴァングを支配していた。ここはオーディンのヴァルホルと非常によく似た場所だったようだ。

　ヴァルホルやフォールクヴァングに行く資格のない死者がどうなるかは、神話文献によって異なるようだ。古代の北欧神話には、一神教の「善人は天国、悪人は地獄」という考えと厳密に対応するものがない。ヘルの国に入ったあと、生前の行ないを罰せられたと言及されている例はある。一般的にその対象となるのは姦通、肉親殺し、誓い破りの罪を犯した者だ。この3つの罪は北欧社会では互いに関連していることが多く、絶対に許されない犯罪とされていた。

　肉親殺しや誓い破りのような罪は、社会にとっての悪であるだけでなく、ラグナロクの開始を早めるとも考えられていた。バルドル殺しはそのためなおさら非難されるべきものになる。また、激怒したトールが、父の義弟であるロキを殺そうとしてなぜ何度も思いとどまったのかも説明がつく。このような罪を犯した者はナーストロンド、つまり「死者の岸」から永遠に離れられなくなる。ここでは竜ニーズホッグが死体をかじり、血をすすっているのだ。

ヘルの国では、大半の人がおおむねそれより幸せに生活しているようだ。言葉は適当でないかもしれないが、死者が普通の日常生活を営んでいるという記述がある。死後も生前の生活と変わらぬ毎日を送っているというのだ。アイスランドのような北欧の西側の地域では、死者は聖山ヘルガフェットルで、暖かい炉を囲んで酒を飲み、語らいながら過ごすという考えが広まった。予言者によれば、ヘルガフェットルは平和的で住み心地がよく、暮らしは地上とさほど変わらないのだという。

　不義を行なう者がニヴルヘル（霧のヘル）に追いやられ、義を行なう者がギムレー（神話文献によっては「シントリ」）に行くという記述も見られる。どうやらギムレーはアースガルズ内にある一種の天国のようだが、ラグナロクの生存者が住むところだともいわれる。となると死者は、ラグナロク後の新世界で復活を望めることになりそうだ。だが、こうした考え自体にキリスト教の強い影響が感じられるのは否めない。昔ながらの神話はもっと違って

❖下──ギムレーがどのようなところかはよくわからない。神話文献には相反する記述もある。どうやらよいところで、その美しさは太陽をしのぎ、ここにラグナロクの生存者が住むようだ。

いたかもしれないのだ。

　バルドル殺害の物語からは、死んだあとはどうなるか、また死後の世界とはどんなものかについて多くのことがわかる。また、興味深い言外の意味も汲みとれる。バルドルは暴力によって落命したが、バカバカしい遊びによるもので、名誉ある戦死ではない。要は殺人の被害者で、敵と正々堂々と渡りあったのではなかったのだ。そのためヴァルホルにもフォールクヴァングにも行く資格がなかったのだろう。オーディンは人間と神の掟を曲げたり完全に無視したりしている。それでもまったく問題なかったのに、バルドルの冥府行きを特別に免除しようとする場面がない。つまりは強大なオーディンの力をもってしても、死の掟は回避できないということだろう。バルドルはラグナロク後の奇跡と栄光の新時代になれば戻ってくると予言されていたが、それまではほかの死者と同様、ヘルの国に留まらなければならなかったのだ。

葬儀

特定の個人が生者の世界から、どこであるにせよ待ちかまえる死後の世界に移動するプロセスは複雑だ。またそれについて信じられていることも地域や時代によってまちまちだったろう。北欧の宗教では、人の存在の本質はいくつかの部分から成っていると考えられていたようだ。ハミンギャは人の魂の部分で、子孫に受け継がれることもあった。この言葉はおおざっぱに「幸運」と訳される。亡くなった祖先の運命がほかの家族の人生に影響をおよぼすこともあるという意味合いだろう。

祖先崇拝はごく一般的で、とのわけ人迷惑な祖先は出没して子孫を悩ませたりもしただろう。崇められた祖先とエルフが混同されることも少なくない。いやそれどころか、この両者はほぼ同じ存在なのかもしれないのだ。エルフは力をもつ超自然的な存在で、祖先にもそうした者はいた。北欧の宗教用語はあまり厳密な使い方をされていない。そのため有名な祖先は、文字どおりなんらかの変身を遂げてエルフに「なった」のかもしれないし、あるいは死後に祀りあげられてエルフと呼ばれたのかもしれないのだ。

人の本質、つまり肉体とは別の魂の部分は、いかなる来世が待ちうけていようとそこに向かっていった。その際の幽体離脱のカギが、現世の肉体の消滅だったことを示す証拠がある。ヴァルキュリャがカラスなど腐肉をあさる生き物とむすびつき、あるいは時にこうした生き物の姿をしていたとされるのはそのためでもある。カラスや狼などの動物が戦死者の屍をバラバラにすることにより、魂は解放されてヴァルホルもしくはフォールクヴァングへと向かったのだ。

> カラスと狼が戦死者の屍をバラバラにすることにより、魂は解放されてヴァルホルかフォールクヴァングへと向かった。

戦死しなかった者の葬儀にはさまざまな形があった。埋葬も少なくなく、この場合遺体が形を失うまでの時間は火葬よりはるかに長くかかった。それでも死から1週間後にはシャウンドという弔いの宴が催された。ちなみに、宴で飲まれた葬儀用の麦酒も同じ名前である。この社会的儀式が終わると、その人物は本当に死んだとみなされ、相続人は財産や家長としての地位を受け継ぐことができた。

❖左──ヴァイキング時代
もそれ以前も、船は葬儀で
大きな役割を果たしていた。
海で燃やされることも、土
中に埋められる、あるいは
燃やしたあと埋められるこ
ともあった。船はあの世に
死者を運ぶ魂の乗り物と
なったのだろう。

　どの死者もこのように落ち着いていたわけではない。
そのため死後に歩きまわらないよう、奴隷が死没した
主人と一緒に埋葬されることも、あるいは奴隷に簡素
な墓を与えることも珍しくなかった。多くの場合その
方法は単純だった。両足を重ねて釘を打つ、縫いあわ
せる、手足を縛るなどしたのだ。神秘主義的な方法と
しては特定の副葬品を遺体とともに埋めた。あるいは
墓地までわかりにくいルートをとおって、棺の中の死
者の方向感覚を失わせて帰って来られなくする手も
あった。埋葬塚の上に設置する「遺体の扉」も効果的な
障壁だ。騒がしい死者は中に閉じこめられ、この正式
な出入口以外からは外に出られなくなるからだ。

　それでもあの世から戻ってきた亡者は「ドラウグ」と
呼ばれた。このゾンビも体を滅茶苦茶に破壊するか頭

を落とすかすれば、ふたたび死なせることができる。そうしないとドラウグはよく魔法を使う。レパートリーは夢への侵入、変身、不思議な方法での地中移動などさまざまだ。通常は、悪意をもった者がいやがらせをするために自分の体に戻ってドラウグになるが、人間がドラウグに殺されてドラウグになることもある。自由に歩きまわれるドラウグもいた。それができないばかりに埋葬塚やその周辺を離れない死霊は「ハングブイ」と呼ばれる。

　体がなくなってしまえば、「ドラウグ」化を防止できるばかりか死後の世界にも行きやすくなる。荼毘に付すことでそれは確実になったが、大衆文化で描かれるヴァイキングの弔いは決して一般的ではなかった。バルドルの物語には船上火葬の原型がある。この時はバルドルの妻（悲しみですでに死去）と運悪く通りかかった

❖埋蔵された財宝

　北欧ではどの階層の埋葬でも副葬品を添える習慣があった。職人には道具を、貴人には高価な品を、そして大部分の自由人には武器をもたせたのだろう。女性とともに武器が埋められることもあり、その頻度について大きな議論が起こっている。女性戦士がどの程度いたのか、そして埋められている剣が女性が本物の戦士であることを意味したのかは、現時点ではわかっていない。実をいうと長いあいだ武器をもった遺体が発掘されると、それだけで男性と判断されていたのだ。新しい証拠は、女性戦士がこれまで考えられていたより一般的だったことを示すのかもしれない。あるいはそうでないのかもしれない。解明が待たれる。

❖上——副葬品を添える文化は多い。死者にとっては、死後の世界にもっていく有用な品物となり、生きている者にとっては、心から尊敬する家族や友人に敬意を示す手段となる。

ドワーフ（トールに火の中に蹴りこまれたが、おそらく生きたまま）も一緒に焼かれている。違う形でも戻って来られないように、遺体の爪を切ったという記述もある。ラグナロクでは、死人の爪で造られたナグルファルという船が、アースガルズの敵を運ぶことになる。死人の爪を切ると、この船の建造が遅れるといわれていたのだ。

　北欧の葬儀にはよく船が出てくるが、必ずしも海に浮かんでいるわけではない。石造船は要人の玄室として用いられたし、木造船も火をつけて漂流させるだけでなく、土中に埋められたりした。船葬墓跡からは多くの考古学的発見がなされている。ノース人の生活様式について雄弁に物語る副葬品が発掘されているのだ。

ノース人の葬儀

ノース人の葬儀にかんする記録はわずかしか残っていない。その中でも有名なのがアフマド・イブン・ファドラーンの記述だ。このアラブ人学者は、ボルガ川下りの探索の途中で、崩御した部族王もしくは君主の葬儀を目撃している。準備が整うあいだ部族王は一時的に埋葬され、葬儀用のロングシップが陸に揚げられると、その寝台に横たえられた。副葬品は上等な服、飲食物、馬2頭をはじめとする動物、武器類などだ。

　儀式の中でくり広げられた狂乱には、おそらく部族王の生命力をあの世に送りこむ意味があったのだろう。みずから志願したと思われる女奴隷は強い酒を与えられ、恍惚とした状態になると何人もの男と性交の儀式をした。その後は相手をした男たちに抑えつけられ、老婆（おそらく巫女）によって命を絶たれる。やがて船が燃やされ、焼け跡の上に塚が盛られた。そうしてノース人が立ち去ると、部族王はあの世に旅立っているため、塚はそれ以降特別な意味をもたなくなった可能性が高い。

死と再生

北欧の宗教は、運命論的で物事がめぐりめぐっている。万物が死を迎えるが、死んでもそうした循環は終わらない。したがってラグナロクは凄まじい破滅の時であっても、再生の好機でもあるのだ。終末は不可避で、特定の出来事の展開とともにひたひたと忍び寄る。だがこれを遅らせ、少なくとも早めないようにすることは可能だ。ラグナロクは肉親殺しと誓い破り、そして

死人の爪を切らないことで早まるおそれがあった。ある時などは、機が熟していないのにトールがヨルムンガンドを殺そうとしたので、巨人ヒュミルが最終戦のきっかけになるのではないかと肝を冷やしている。大部分の物語は起こった出来事について書かれているが、ラグナロクはそれとは異なり、これからどうなるかの予言になっている。

「神々の黄昏（ゲッターデメルング）」という言葉の由来は、ゲルマン人のあいだで伝えられていた同じ物語にある。意味はほぼ同じだが、学者のあいだでは解釈と言語的関連についてさかんに議論されてきた。ラグナロクにしても神々の黄昏にしても、神々の運命を言い表しているととれるが、「運命」は必ずしも惨事を意味しない。この言葉は「宿命」を指していると考えるほうが妥当だろう。オーディンがユミルを倒した瞬間から、いやひょっとするとその前から、ラグナロクは起こると決まっていたのだ。だが、ノース人は宿命には少なくともちょっとした融通が利くと考えていたので、ラグナロクで戦う運命に導かれる神々も、結果にある程度影響力をもっていたのである。

ラグナロクの開始の前兆となるのは、ミズガルズの大いなる冬（フィンブルヴェトル）だ。この厳しい冬が3年続くあいだ夏はなく、地上はきわめて不穏な時期に入り、戦乱が起こる。

✤上――ラグナロクの出来事は、多くの石の彫刻に描かれている。ここでは肩にカラスを止まらせたオーディンが、予言どおりに狼フェンリルに喰われている。

剣の時代、斧の時代、風の時代、狼の時代とも形容される
このこの時には、肉親が殺しあい、社会が崩壊し、人
は旧友にさえ無慈悲になる。それというのも、狼のハ
ティとスコルがついに太陽と月を捕らえるからだ。ス
コルが太陽を呑みこみ、ハティが月をズタズタに引き
裂く。星が消滅し、大地が震える衝撃で、それまで縛
りつけられていた多くのものが解き放た
れる。

神々はラグナロクで、巨人のふた
つの軍団と死人の大集団、ロキの
子孫のさまざまな怪物と対決す
るだろう。

ラグナロクの正式な開始を告げるのは、
3羽の雄鶏の鳴き声だ。1羽はアースガ
ルズ、別の1羽はヨトゥンヘイム、もう1
羽はヘルヘイムで鳴く。ヘイムダルも角
笛ギャラルホルンを吹き鳴らして神々に警告する。ミ
ズガルズ蛇のヨルムンガンドが陸に接近するので、凄
まじい破壊力の津波が陸を襲う。またそのために、死
者の爪でできた船ナグルファルの舫い綱も引きちぎれ
る。

❖右──火の巨人スルトが
炎の剣でアースガルズに火
をつけると、やがて世界全
体が燃えさかり崩壊した。
これは世界が再生するため
には、必要なことだった。

ロキとフェンリルも拘束を解かれる。ロキは
ヘルヘイムから軍勢（おそらく「死者の岸」ナースト
ロンドの肉親殺しと姦通者）を引き連れ、巨人の軍
勢がナグルファルで出航する。ナグルファルは
世界最大の船で、巨人の大集団も収容できる。
文献によってこの船の船長は、ロキだったり
巨人フリュムだったりする。巨人の別動隊
は、火の国ムスペルヘイムから火の巨人ス
ルトを先頭に進軍してくる。

　オーディンはほかの神々と協議しミーミ
ルにも助言を求めたあと、神々とエインヘ
リャルを率いてヴィーグリーズの広野に向かう。
スルトが炎の剣で世界を燃えあがらせるなか、多くの
神が仇敵と相まみえて戦い、共倒れになる。オーディ
ンは狼フェンリルに丸呑みにされた。するとその仇を
息子のヴィーザルが討つ。狼の下顎を踏みつけ上顎を
力のかぎり広げて口を引き裂き、槍を心臓に突き立て
たのだ。トールはヨルムンガンドに致命傷を負わせる
が、蛇に毒を吹きかけられる。9歩後ずさりして倒れ、
そのまま果てた。

　巨人スルトと対決したフレイは、愛剣を従者のス
キールニルに譲りわたしたために剣を所持していない。
あえなく命を落とすはめになるが、それでも巨人の目
を突き一矢報いたとする説がある。一方、誠実なヘイ
ムダルとトリックスターのロキもぶつかり、宿敵の手
で互いに最期を迎える。フェンリルに片手を食いちぎ
られたテュールは、大犬ガルムを相手に死闘を演じ、
両者ともついに力尽きる。ヘルは死者の軍団を引き連
れてアースガルズに攻め入るが、バルドルと弟のホズ

✣上──バルドルはヘルの
国から去るか逃れるかして、
最終戦で神々の側にくわわ
ることができる。そして宇
宙の滅亡を生きのび、新世
界に美しくも神々しい姿を
現すのだ。

もヘルヘイムから戻り、神々の陣営にくわわった。

　何もかもがスルトの炎に呑みこまれる。アースガルズとミズガルズが火の海になり、ヨトゥンヘイムもそして氷の国ニヴルヘイムでさえも猛火に包まれる。その残骸が海に沈みゆくなか、竜のニーズホッグは戦場の上空を飛びまわり、むさぼり食う死体を探している。戦いが終わったとき、一切が死に絶え、世界は灰燼に帰したかと思われた。

　ところがその後、陸地がふたたび海から隆起する。再生した大地の野には、種まきをせずとも作物がすでに育っている。新しい太陽は以前よりはるかに美しく、その光が照らす下界では、ふたりの人間が世界樹ユグドラシルに身を寄せて命をつないでいた。生きのびた神々はイザヴォッルで再会する。ここは以前アースガルズだった場所だ。その中にはトールの息子マグニとモージもいる。このふたりはいまや父の形見となったミョルニルを携えている。オーディンの息子のヴィーザルとヴァーリも、ヘーニルとともにそこに向かう。ホズとバルドルも無事だった。

✤右──ラグナロク後に誕生したばかりの新しく素晴らしい宇宙。どこも美しくて心地よいわけではないが、少なくとも生存者はやり直して新しい世界を築くチャンスを与えられている。

ヴァルホルとフォールクヴァングの戦士で戦闘を生きのびた者は、新世界で居場所を獲得する。旧世界がまだ争いと悪意のために損なわれていなかった頃とくらべても、新世界はもっと快適な場所だ。戦士たちはアースガルズだった場所でギムレーという館を手に入れる。しかも素晴らしい場所はそこだけではない。ブリミルの館には常にふんだんに酒があり、シンドリの館には善良で高潔な人々が住まう。この新世界にも「死者の岸」ナーストロンドの館はあり、その壁は毒を吐きつづける蛇の壁でできている。誓いを破った者はこの場所で、蛇の毒の川の中を延々と進み、竜ニーズホッグに苛まれながら暮らさなければならない。

こうしたラグナロク後の世界のイメージには、キリスト教の影響と思われる部分がある。いまや原則として善人には天国が、悪人には地獄があるのだ。キリスト教以前には、神話で描かれた世界再生後の未来が、ほかの北欧神話に出てくるようなもとの世界を踏襲し

❖ラグナロクはキリスト教の隠喩か

ラグナロクと世界の再生が、もしかすると古代北欧の宗教がキリスト教のために廃れたことを暗に指しているのではないかと考えると面白い。ありえなくはないが、そうではなさそうだ。むしろほかの神話と同じくラグナロク自体も、時の経過とともに起こる必然的な変化と流れにさらされてきたのだろう。テュールはアース神族の主神と伝えられていた時期があった。その後オーディンが主神になると、オーディンはそれ以前からの主神になった。なぜなら当

時そのように信じられたからだ。現代版のラグナロクは、キリスト教伝来前の北欧世界のラグナロクとは大きく異なるかもしれない。神話では、なんであろうと人がそうと信じれば真実になる。だからおそらく現代版の神話も、古代版と同様に細部の隅々まで正しいのだ。それでも「ヴァイキング時代」の人々が、ラグナロク後に起こると信じていたことがわかったら、おおいにわくわくしそうだ。

ていた可能性が高い。だがこれもまた、古代北欧の宗教によくあるような循環の一部なのだ。神話は語り継がれるうちに変わっていく。たとえば800年に語られた物語は、1200年、2015年と年月を隔てるうちにすっかり違っているかもしれない。それでもこうした物語を聞く者には、その話が「昔から変わっていない」ように思われる。それは今の世も同じなのだ。

ゲルマン人の復興異教主義（ネオペイガニズム）

スノッリ・スツルソン（1179-1241年）の時代には、学者が昔の異教に興味をもつだけで危険な目に遭ったので、スツルソンは古ノルド語の詩集を民間伝承もしくはゆがめられた歴史として発表せざるをえなかった。だが後世には、この分野への関心が復活し、伝統的なゲルマン信仰にもとづいた重要な現代宗教まで誕生している。ただし、こうした関心は必ずしも健全だったわけではない。ナチスは北欧または北欧風のルーン文字をシンボルに多用して、多くの記号文字に永遠の汚点を残している。

　ナチスは北欧のルーン文字をシンボルにしてさまざまな用途で使用した。その代表例が、戦場での部隊識別のための利用だ。そのため北欧のルーン文字の多くが、最初から「ナチスのシンボル」だったと勘違いされているおそれがある。だが本来は、そんなものではまったくないのだ。たとえばテュールを表すルーンは、栄光と指導力を象徴している。ナチスはこれを連隊章にしただけでなく、通常なら墓標に使う十字架の代わりにした。SS（親衛隊）の重ね稲妻の徽章は、古フサルクの太陽を表すルーン文字を図案化したものだ。

✣上──北ヨーロッパの出土品には、ノルド祖語が図柄にあるものが多い。ゲルマン人と古代スカンディナビア人の文化にかなりの類似性があったからだろう。

✣上──馬上のオーディンが描かれているブラクテアット金貨。500年頃に現在の北ドイツの地方で作られた。

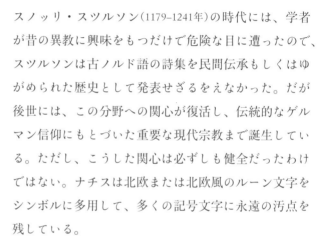

ナチスに盗用されたシンボルの中でだれもが知っているのは、もちろん「かぎ十字」だ。これは知られるかぎり最古の部類に入るシンボルで、新石器時代までさかのぼる遺跡発掘現場で、石やマンモスの牙に彫られたものが見つかっている。宗教によっては幸運などよい意味と関連づけられており、ヨーロッパではしばしば日輪を示すものとされている。第一次世界大戦後のドイツでは、いくつかの政治団体のシンボルとして採用された。その全てが右翼ではなく、その後の権力闘争でナチ党が勝利をつかんだために、このシンボルの支配権をも握ったのである。

　かぎ十字は伝統的に左右どちらの向きのものも使われてきたが、最終的にはナチ党が右向きを標準化させた。現在いくつかの国は、昔ながらの宗教目的で使用する場合を除いて、このシンボルの表示を禁じている。アジアでは今でも一般的に縁起のよいシンボルとされていることもあり、何度かちょっとしたゴタゴタが起きている。生産者が完全に無害でよい印だと思って、かぎ十字マーク入りの品物を西洋諸国に輸出したところ、まったく違う意味に取られたのだ。

　復興異教主義（ネオペイガニズム）も、ナチズムとのつながりを憶測されて迷惑している口だ。たしかに、ナチ党員の一部は古代の北欧やゲルマンの文化に興味をもっていた。だがそのつながりはそこまでだ。それどころか、復興異教主義の歴史は21世紀のどの政治運動よりはるかに古いのである。発足の時期を特定するのは難しいが、19世紀にはルーンの占いや魔術を実践している集団はあったのだ。

復興異教主義の宗教

復興異教(多神教)主義は、おそらくその名にふさわしく、大きくて複雑な分類で、基本理念を古代の異教の復興に置いているものの、ひと口ではくくれない相違点がある。オーディン派、ヒーザンリー(異教徒)、アサトゥル(アース神信仰)……。信仰グループが違えば、信奉する宗教の名称も異なる。宗教への取り組みもまちまちだ。あまり信心深くなく、信者の輪にくわわって平凡さからちょっと抜けだせる機会とイメージに惹かれる者もいれば、古代の神々の敬虔な崇拝者もいる。

19世紀には古代北欧・ゲルマン世界に対するロマンチックな見方が広まった。復興異教主義はその恩恵をおおいに受けている。また、その魅力は容易に理解できる。復興異教主義の神々は大物で、英雄伝では巨人と戦ったり超巨大な蛇を釣りあげたりする。主流の宗教で説かれるような唯一の「聖なる真実」の類は存在しない。なぜなら復興異教主義が再現してきた北欧・ゲルマン神話は、矛盾していて時には奇異な賛美で埋め尽くされているからだ。

信仰とシンボルは多様であるものの、トールの槌ミョルニルのシンボルは、宗教に極端に異なる取り組みをしているグループのあいだでさえよく見られる。なかにはフリッグとオーディンが使っていた魔術のセイズを実践しているグループもある。セイズは占いにも用いられている。もっとも元来セイズは予言ではなく、未来を変えることを目的にしているのだが。ルーン占いをするグループも、それなら同じく伝統にのっとっていると主張するかもしれないが、ルーン文字が

占いに使われた証拠はほとんどない。

　現代の復興異教主義はかなり小規模な宗教だ。いや、同じ基盤をもつ宗教の集合体と表現するほうが正確かもしれない。ただ、その人気はうなぎのぼりのように見える。どうやら古代の北欧の神々は、いまだに強烈な魅力を放っているようだ。またもちろん、わたしたちの文化には、ほかにも数限りない北欧の影響が浸透しているのである。

❖上──19世紀の手桶の取っ手。トール像にかぎ十字のモチーフが4つ彫られている。かぎ十字はナチスに盗用されて悪いイメージがついてまわるようになったが、その前は何百年ものあいだ縁起のよい印として使われていた。

第7章

北欧の宗教の遺産

古代北欧の宗教は、1000年前のキリスト教への改宗で
信仰されなくなったが、その影響は今なお感じられる。
西洋文化は、北欧の宗教と神話物語の価値観から多大な影響を受けている。
また、北欧の社会で尊敬に足るとされていた個人の特性の多くは、
現在も高く評価されているのだ。

略奪行為はもはや社会的に許されないが、ノース人の
遠征に欠かせなかった大胆不敵さは、今日も変わらず
武器になる。ノース人は屋根のない舟を漕いで荒れ狂
う北大西洋を渡り、アイスランドやグリーンランド、
そして北アメリカにまで到達した。何も見えない水平
線の向こうに陸地があるという期待を胸に、大海原に
漕ぎだすために必要な勇気は想像を絶する。現代でそ
れに匹敵する勇気を見せたのは、ちっぽけな宇宙カプ
セルで月にまで行った3人組だろう。だが宇宙飛行士
は少なくとも、向かっている先に月があるのを知って
いた。ヴァイキング遠征に出る者にノース人がいだい

❖前ページ──アイルランド
の略奪の模様。ノース人は
村の神父を襲いながらも、
略奪して集めたものを放そ
うとしない。

ていたのと同じ敬意と畏怖の念を、わたしたちは現代の開拓者に対していだいている。

同じように戦闘での武勇も、いまだに広い尊敬を集めている。暴力というとどんな形でも否定する者は多いが、そんな中にも戦争の英雄の不屈の精神と勇気を、しぶしぶながらも賞賛する人はいるのではないか。わたしたちの社会では相当数の者が、軍人など身を危険にさらす仕事に従事する人に、深い敬意をいだいている。暴力的で危険なスポーツに挑む者に対してもそうだ。ボクシングの試合のためにリングにあがる選手、あるいは総合格闘技の試合のためにケージに入る選手は、ただ危険を冒して挑戦を受けるだけで、多くの者から尊敬を勝ち取る。勝ち負けは関係ない。

もっと広い目で見ると、戦闘技術は社会のほかの領域にも浸透している。「オンラインシューティングゲーム」（対戦型テレビゲームで、相手チームのプレイヤーを「殺す」ことが目的）のプレイヤーにとって、キル・デス比は

❖下──レイフ・エリクソンによるアメリカ発見。この発見は、未知の領域への数度にわたる驚くべき航海の集大成だった。まずはアイスランド、次にグリーンランドが見つかり、その後最終的に北アメリカ大陸の海岸にたどり着いている。

✤上──世界初の真の民主
主義の基盤となったアイス
ランド国会、アルシング
（民会）。全成人男性が、重
要事項についての発言と投
票を許された。

スキルの重要な目安になる。キル数がデス数を上まわ
れば、標準以上の腕になるのだ。キル数が多ければほ
かのゲーマーから一目置かれる。そうなると、実戦で
敵と対決しようなどと夢にも思わない人々のあいだに
も、戦士の心理は存在していることになる。

ノース人の価値観

オーディンが提唱した価値観は、少なくともそのほと
んどが現代社会でも受けいれられている。この主神の
女性は不誠実だという見方や、オーディン自身による
度重なるズルや暴力の気まぐれな爆発は、礼儀を重ん
じる社会にはあまりふさわしくない。それでも、客人
の遇し方にかんする戒めやその類のアドバイスは今も
通用する。そのほかにもノース人は、相性ぴったりの

夫婦による息の合った二人三脚、女子供に危害をくわえないことなどを理想としている。こうしたことは今日でも理想とされているが、ほぼまちがいなく大部分の社会に存在しているのだ。

このように絶大な影響力があったとしても、実は意外ではない。ノース人は広大な領域に散らばった。スカンディナビア半島、アイスランド、イギリス諸島、北ヨーロッパ沿岸地域、はては現ロシアの広い範囲まで。ノース人の商人はそれより遠方に航海し、大勢の戦士が東ローマ帝国軍に入隊している。そのためノース人の価値観が広がり、出身地から遠く離れた場所でその神話物語が知られていたとしても、そう不思議ではないのだ。

「ヴァイキング」は消滅しなかったし、突然影響力を失いもしなかった。キリスト教は北欧の異教信仰を駆逐したが、北フランスのノース人がノルマン人になり、やがてイングランド王になったあとも、古代の神々の物語は長く記憶された。東に移動したノース人の入植者は、キーウなどの地域の周辺でスラブ人社会にくわわり、「ルーシ」と呼ばれた。この言葉が少しずつ形を変えて現代の国名になっている。グリーンランドと北アメリカの集落は大昔になくなったが、アイスランドは世界に先駆けて民主主義国家となった。その初期の民主主義制度の基本方針はいかにも古代北欧らしい。心身が健全な男子すべてに投票権が与えられたのだ。アイスランドには法律以外に王はいないといわれた。

トールキンの中つ国

どの社会も進化し変化する。そしてそれが絶え間なく

❖北欧の影響とJ・R・R・トールキン

トールキンはアングロ＝サクソン人、ゲルマン人、ノース人の伝説を研究し、作品作りにおおいに活用した。トールキンの空想物語の中には、ほぼ北欧伝説の改作であるもの、あるいはこうした古い物語の要素を利用したものがある。その最たる例がなぞなぞの勝負だ。『ホビットの冒険』では、ビルボ・バギンズとゴラムがなぞなぞ対決をしており、ビルボは負ければ食われるという事態になる。この勝負に勝つために、ビルボは自分しか答えを知らない質問をし

た。「このポケットに入っているものはなんだ？」そういえばオーディンも、命を賭けた勝負で卑怯な手を使ってズルをしている。

起こる。ノース人の生活様式も例外ではなく、少しずつ進化して異なるものになっていったが、それでも起源をたどると古代の流儀にたどり着けた。そうなると、オーディンと弟たちが世界を創造したところまでさかのぼることにもなる。北欧神話の遺産は、西洋文化のいたるところで見つかる。しかも多くの場合かなり意外なところで。それがとくに目立つのがファンタジー・フィクションだろう。このジャンルは、少なくともどこかでJ・R・R・トールキンの作品の影響を受けている。

　トールキンが現代ファンタジーに与えた大きな功績は、「ファンタジー種族」の原型を創りだしたことにある。それがステレオタイプになったという声もあるだろう。トールキンの描くドワーフは頑強で、地下で暮らしながら魔法の宝物を作っている。何やら親しみを感じるではないか。実をいうとトールキンは、北欧神話に出てくるドワーフの名前のリストから作品中の名

前を考案しているのだ。彼はまた、「Dwarf」の複数形を「Dwarves」とするもうひとつの遺産も残している。正しくは「Dwarfs」であり、トールキンは言語学者だったのでこの誤りをおおいに恥じていた。それでもこの用法は定着し、今では正しい「Dwarfs」と同様一般的になっている。

　トールキンのエルフも原型となっている。彼の作品には、さまざまなエルフの集団が出てくる。魔力をもち神のようなエルフもいれば、野蛮なエルフもいる。その後に続いたファンタジーの小説や映画、ゲームのエルフはかなりありきたりだ。だが思うにわたしは、10歳くらいのときに『指輪物語』を読んで、エルフは魔力をもつかなり怖い存在だという印象を強く受けていた。少なくとも最初の数章のあいだ、主人公がエルフをまったく知らないうちはそうだった。

> トールキンの創作したものの多くが、現代のあらゆるファンタジーの原型となっている。

　日光を浴びて石になるトロールなど、今ではファンタジーの定番となっているものを、トールキンは多用している。『ホビットの冒険』(瀬田貞二訳、岩波書店)で黄金の番をする竜のスマウグは、明らかにファーヴニルと重なる存在だが、スマウグは竜以外の何者でもなかった。この竜が守っている財宝の中には大きな宝石があり、その所有者は欲のために正気を失う。指環のアンドヴァラナウトの宝石版である。

　トールキンはまた、オーク、ゴブリンといったファンタジーの悪役の定番となるものを設定している。オークについて明かされることがある。もともとはエルフだったが、冥王の責め苦を受けて見るに耐えない邪悪な存在になったというのだ。ひょっとすると、北

欧神話の光と闇のエルフと似ているところがあるのかもしれない。トールキンはさらに人喰い鬼などさまざまな精霊にくわえて、魔力をもつ剣や指環、甲冑など豊富な道具を作品中に登場させている。

　トールキンの創造物の頂点に君臨するのは、まちがいなくガンダルフだろう。体つきは明らかにオーディンそっくりだ。実をいうと両者とも、「灰色ひげの老人」という意味合いの変名を使っている。ガンダルフもオーディンと同様、世界を放浪して秘密の知恵を授ける。また少なくとも本の中では得体が知れず、必ずしも安心できる人物ではない。映画『ロード・オブ・ザ・リング』と『ホビット』に出てくるガンダルフは、どちらかというとおおむね親切で優しく、人好きがする人物だ。気のいい老人といった風情で、登場人物を導いて危険な局面を切り抜けさせる。ところが本のガンダルフは、かなりオーディンに似た面を見せている。

　小説のガンダルフには、過去に余計なことをしたばかりに歓迎されない場所がある。そうでなくともうさん臭い人物として扱われる。強大な力があり謎めいていて、独自の思惑があって放浪しているのだから当然といえば当然だ。映画のガンダルフは強い力をもつが、小説のガンダルフは危険であると同時に予想不可能でもある。叡

ガンダルフはオーディンと同様、叡智を求めて危険な場所にまで旅をする。

智を求めて、時には無謀にも危険な場所にまで旅をする。その点でガンダルフは、トールキンが思い描いた「オーディン的な放浪者」そのものだった。

放浪する魔法使い

ほかの著者はこうした定番キャラを使うか、でなければ脱却しようとしている。『闇の戦い』(岩原明子訳、早川書房)でバーバラ・ハンブリーが創りだした魔術師インゴールド・イングロリオンは、彼女のファンタジー小説のレビュアーから当然のごとくガンダルフとくらべられることになった。インゴールドは年老いた放浪者で、ガンダルフと同じく剣の腕は確かだ。このような比較は避けられない。トールキンが放浪する老魔術師を最初に誕生させただけでなく、そのイメージがすでにわたしたちの潜在意識に深く刻みこまれているからだ。ハンブリーのインゴールド・イングロリオンは十分に異なるキャラクターなので、比較するとしても表面的になるのが関の山だ。それでもだれかが魔法使いについて書くときは、たとえオーディンの原型とわずかだけ似ているだけでも、比較されずにはすまないだろう。

竜（ドラゴン）はファンタジー・フィクションの定番で、たいてい黄金の番人タイプと相場が決まっている。ただし、注目すべき例外もある。サイモン・R・グリーンの『青き月と闇の森』(冬川亘訳、早川書房)で、主人公は姫をドラゴンから救う。この姫は生贄として杭に縛りつけられている。ドラゴンが近くを飛んでいるのを見た人々が、襲われるのを恐れて姫を差しだそうとしたのだ。主人公は気の毒に思い、姫を救出した。それ以来、

姫のせいで主人公は惨めな
生活を送ることになったので、
姫が王子とともに探索の旅に出かけ
るというと大喜びで送りだした。この同じド
ラゴンが、自分の仲間は収集癖が有名で、なかにはた
しかに黄金を集める者もいるが、自分が熱中している
のは蝶集めだと述べている。

　バーバラ・ハンブリーの『ドラゴンキラー
Dragonsbane』のドラゴンは黄金に魅了されているが、
金銭的価値のためではなく心が震えるためだ。登場人
物の中で唯一ドラゴンを倒して生きのびることになる
ジョン・アヴァーシン卿は、哀れみを感じながら実用
主義的な無慈悲さをもってドラゴン退治にかかる。ド
ラゴンは荘厳で美しい生き物ではあるが、人を殺して
この田舎を荒らしまわっている、とアヴァーシンは嘆
く。そしてドラゴンに剣で切りかかるのは愚の骨頂だ
と指摘する。彼が好んだ武器は、毒を塗った銛や斧
だった。

　アン・マキャフリーは小説の「パーンの竜騎士」シ

❖上──竜は北欧の装飾品
によく見られるモチーフ。
この腕環の端には竜の頭の
細工がほどこされている。
多くの場合、こうした装飾
はかなり複雑できわめて精
巧な作りをしている。

リーズで、竜の悪いイメージを覆してみせた。このシリーズで竜は人間に協力している。空を飛び火を噴く能力を活かして、空から降ってくる脅威から人間の集落を守っている。マキャフリーの竜はカラフルだ。この着想はファンタジーの世界で広く取りいれられている。竜の能力とおおまかな性格は、たいてい色から判断できる。ロールプレイングゲームの『ダンジョンズ＆ドラゴンズ』では、色を基準に竜(と多くの標準的なファンタジー・クリーチャー)が包括的に分類されている。メタリック・カラーの竜は概して好意的だが、ほかの色の場合は例のごとく黄金を貯めこむ危険なタイプが多い。

　メリー・ジェントルの『兵士たち！ *Grunts!*』で、竜は呪われた財宝をもっている。多くの竜と同じようだが、この場合は竜の巣から何をもちだしても呪いがかかる。オークの傭兵隊がこの財宝を略奪し、その中に現代世界の近代的な軍装備品を見つけて、実質的なオーク版米海兵隊になる。

　オークは小説やゲームによく登場するが、たいてい敵の使い捨て要員としてだ。総じて残忍で頭が弱く、強いと思う主人に嬉々として仕える。おそらくアニメ映画『怪盗グルー

✿下──ロンドンのセント・ポール大聖堂で発見された墓碑。竜のレリーフで装飾されている。今では伝統となっている昔の装飾様式が、多くの彫刻で模倣されている。

の月泥棒』のミニオンは、こうした類の冷淡であまり賢くないしもべをパロディー化して、抱腹絶倒のキャラクターに仕立てあげたのだろう。ただし、どのファンタジーでもオークがこのように描かれているわけではない。

テレビゲームの定番キャラ

ゲームの「エルダー・スクロールズ」シリーズではオークを、人間や、さまざまな種類のエルフなどの非人間種族と「同じただの人」として扱っている。この世界のオークはたいてい攻撃的で気性が荒いが、「牙のある悪者」クリーチャーというより野蛮人だ。5作目の『スカイリム』が舞台にしているノルドの国は、その名が示すように何から何まで北欧そっくりの雰囲気を感じさせる。人々はほかの神にくわえてイスミールも信仰している。またノルド族は明らかにノース人を彷彿させる姿をしている。

　ゲームの本筋はドラゴンをめぐって展開する。ドラゴンは絶滅したと思われていたが、いまや復活して大混乱をもたらしている。『スカイリム』のドラゴンは空を飛び、火を噴くなどさまざまな能力をもつが、黄金を貯めこんでいるのではなさそうだ。プレイヤーは冒険中たびたび「ドラウグル」の攻撃を受ける。これは戦士の死霊で、眠れぬ墓から脱けだしている。ラグナロクで戦死者がよみがえって巨人族とともに戦うという発想と、明らかに似ているではないか。『スカイリム』にも巨人はいるが、ただ大きいだけでマンモスを飼っており、干渉されないことを望んでいる。

　このように多くの北欧神話の定番キャラクターが使

われているので、『スカイリム』は最初から親しみやすい。またこうした親しみやすさが枠組みとなって、あまり馴染みのないたくさんの要素を支えているのだ。プレイヤーや読者、視聴者は、西洋神話には少なくとも微かでも親しみを感じるだろう。馴染みのある要素（通常は西洋神話）を転用する発想は、世界の構築、つまり物語の舞台となる環境作りにきわめて有用だ。よくわかっているものを使えば、読者への説明や描写を少なくすませられる分、作り手はストーリーをどんどん進めて、その世界の独特な部分を詳しく紹介することができる。

同様に、どこか懐かしい人々や想像上の生き物との関連が見出せるのが、J・K・ローリングの「ハリー・ポッター」シリーズ（松岡佑子訳、静山社）だ。北欧の神々は、ニール・ゲイマンの小説やダグラス・アダムズの『銀河ヒッチハイク・ガイド』（風見潤訳、新潮社）といった小説にすら現れる。こうした馴染みのあるコンセプトを使うことにはメリットがある。説明がほとんど要らず、少なくとも場合によっては物語の本物らしさが増すことだ。それは登場人物やモンスターにかぎらない。馴染みのあるコンセプトは、世界観を構築するうえでもきわめて有益になりえるのだ。

グローランサは、もともとロールプレイングゲーム『ルーンクエスト』のために創られた世界だ。北欧神話に由来するコンセプトがふんだんに使用されており、興味をもったプレイヤーにはエッダも参考文献として推奨されている。グローランサの蛮族は、名前だけでなく誓いや肉親殺しについての考えなど、多くの点で、

西洋神話で馴染みのある要素は、フィクションで世界を構築する際に有用だ。

驚くほどノース人に似ているようだ。その多くが、嵐を呼べる天空の神を敬っている。

　グローランサの神々はいくつかのグループに整理される。なかには互いに敵対しているグループもある。この神々はなかなか複雑な存在で、単純明快な「善悪」では割り切れず、独特な行動原理で動く傾向がある。北欧神話の神々とさまざまな点で似ているのだ。それぞれがもつ主な役割はひとつ以上あるが、どの神も複雑な過去を背負っており、ほかの神々との衝突を経験していることも珍しくない。

　現在人気のゾンビサバイバー系フィクションも、北欧伝説の「ドラウグ」を連想させる。それどころか、ゾンビはドラウグと呼ぶほうが正確かもしれないのだ。フィクションのゾンビはルーツであるカリブ海のゾンビより、古代スカンディナビアの生ける屍とのほうが共通点が多い。たとえば、ゾンビの動きを止めるためには、体または頭を破壊するしかない。ゾンビに殺された者は、すぐゾンビになって立ち上がる。北欧伝説のドラウグもそうだが、この場合死者を動かしているのは、感染源などではなく邪悪な精霊だ。

　物語の中には、北欧神話の登場人物やエッダの出来事をそっくりそのまま移しかえているものもある。デヴィッド・ドレークの「ノースワールド」シリーズの小説では、SF版の北欧の神々が登場するだけでなく、よく似た出来事も起こる。指揮官ノース（オーディン）は紛争を起こすが、それは現実の障壁が崩壊する最終戦争で世界を守る戦士を増やすためだ。戦死者の魂は、なんと、ヴァルキュリャのような女性に迎えられる。そうした女性の中には人間の男に捕まったり心を奪わ

✣上──イングランドのカ
ンブリア州で見つかった
「十字架に縛りつけられた
悪魔」。バルドル殺害を企
んだロキも、足枷をされて
いる。

れたりする者もいる。

　ほかにも北欧の物語とよく似た出来事が
起こる。魔法のペンダントがトリックス
ターに盗まれる、使者が女性を脅してあ
る神との結婚を無理やり承諾させる、と
いったものだ。物語の出来事はすべて世
界を終わらせる大会戦とつながっている。
またノースの戦士集めの必要性は、(少
なくともノースの考えでは)人間に平和で幸
せな生活を送らせる配慮を上まわる。
この指揮官は未来を見たことがあり、
自分の命が最終戦争で尽きるのを知っ
ている。その後物事がどうなるのかま
ではわからず、ストーリーの中で最終
戦争の模様は描かれない。だが読者に
は一縷の望みが残される。ノースは死
ぬ間際に、この物語の主人公で正義を象
徴するハンセンが、戦いつづけているのを知るのだ。

　このラグナロクに対するかなり暗い見通しは、少な
くとも概念的には、ファンタジーやSFで多く描かれ
る「最後の日の戦闘」シナリオの路線を踏襲している。
なかにはこの名称を大げさに使っているだけで、北欧
の物語のラグナロクと実際に重なる部分が少しもない
場合もある。だが、非常によく似ている例もある。わ
たしの書いた小説『スタンディング・アローン
Standing Alone』(「ハルマゲドン2089」シリーズ)は、終末的
な未来戦争をテーマにしており、この戦争で地球はほ
ぼ壊滅状態になる。それでも生き残った者は、戦争が
収束したときに、よりよい世界を手に入れることがで

きるのだ。

映画、漫画、大衆文化

北欧神話をよみがえらせたものというと真っ先に思い浮かぶのは、トールをベースにしたキャラクター、ソーだろう。このキャラクターはマーベルコミック社の漫画とその映画版に登場する。マーベルの世界のソーは強情で、問題解決のためにしばしば過剰に攻撃的な方法を用いるが、神話のトールよりいくぶん賢くなっている。生意気で傲慢な若者が、わずかでも知恵を学んでいく物語の中で、ソーは地球と自分の故郷アスガルドの世界を守る勇敢な戦士として描かれる。

　マーベルのソーはオーディンの息子だ。このオーディンは神話の中ほどずる賢いトラブルメーカーでは

✿下──このラグナロクを描いた絵には、北欧神話が集約されている。巨人族が岩を投げ、オーディンが勇敢な神々を率いて突進するかたわらで、トールがヨルムンガンドに槌を振りおろしている。狼フェンリルは獲物に食いつこうとしており、頭上では太陽が死を迎えている。

ない。またロキは、これらの物語ではオーディンの養子で、義兄弟ではない。そのためソーにとっては叔父ではなく、義兄弟の間柄になる。映画の中で、ロキははじめ自分が巨人の子供であるのを知らない。巨人はアスガルド人と敵対している。ロキはその事実を知り、ソーがえこひいきされていると思い怒りを募らせて、アスガルドを滅ぼす計画に乗りだす。

マーベル版の北欧神話では、アスガルド人は神のような力をもつ高度な存在だが、正確な意味での神ではない。その力の源泉は高度なテクノロジーで、魔術ではないのだ。ところが人間にはほとんどの場合その見分けがつかない。マーベルのアスガルドにはビフレスト橋があり、それをヘイムダルが守っている。大変な事態になるのを防ごうとソーが橋を落とすと、地球やほかの世界に行く通常の通路が遮断された。が、やがてこの橋は再建される。

テレビシリーズの「スーパーナチュラル」にはオーディンが登場する。またロキと名乗る者も出てくるが、実をいうとこれは姿を変えた大天使ガブリエルなのだ。オーディンと仲間は以前は神だったが、信仰されなくなったので、力のある超自然的存在にすぎなくなっている。オー

❖下──ここに描かれているビフレストは堅固な作りで、多くの物語で描写されている揺らめく虹の橋とは違う。伝説によれば、ビヴロストは巨人族が渡ると粉々に砕けてしまう。

ディンは、ほかの宗教で信じられていることをバカにする。とくに嘲りの対象になっているのが、世界は亀の甲羅の上に乗っているという考えだ。またオーディンは、自分がどう死ぬのかを知っており、巨大な狼に喰われる、と公言している。だがオーディンと仲間が懸念しているのは、「ユダヤ・キリスト教の終末」の到来だ。それはおそらく世界がそのような破滅の仕方をすると、キリスト教など近代宗教に淘汰された信念体系のものとされる存在も、巻き添えを食うはめになるからだろう。

❖上──堂々たる威厳を示すオーディン。肩には忠実なカラスのフギンとムニンを止まらせ、足元には狼のゲリとフレキを従えている。

　実際には、物語を面白くするために毛色の変わった神話のキャラクターを創作するという手法は、別に珍しくはない。それどころか、そうしたことは神話物語でもほぼ確実に行なわれているのだ。現在何通りもの話が存在しているのはそのためだ。繰り返すようだが、北欧伝説そのものが時とともに変わっている。最初の主神はテュールだったが、その後信仰に変化があってオーディンが主神となり、最初からそうであったかのようになったのだ。

　その一例が、映画の「ホビット」3部作だ。ガンダルフのような登場人物の描き方がやや異なるだけでない。映画やテレビシリーズでは、キャラクター設定を本と同じようにすればよいというわけではないのだ。また映画には、本には存在しない登場人物がいたりする。

エルフのレゴラスは『指輪物語』には出てくるが、原作小説の『ホビットの冒険』には登場しない。また、映画『ホビット』のエルフの女戦士タムリエルは原作小説にはまったく存在しない。こうしたキャラクターは、小説とだいたい同じストーリーをたどるための脚本上の必要性から、映画につけくわえられている。ある巨人もトールの敵役にするため、あるいはなんらかの魔法の道具の出所とするために、過去のいきさつも含めて同じように創作されているのだろう。中世アイスランドでエッダを書いたスノッリ・スツルソンも、北欧神話の物語の整合性を高めようとして、ところどころ細かく取り繕っていると考えられている。今日もこうした再構築は続けられており、北欧の宗教に由来する物語の新たな異説が、わたしたちの見るページやスクリーンで展開されているのだ。

　また、神話と偽史を混在させて背景を創作している物語もある。『ベーオウルフ』のさまざまな異説は、文字や映像になっている。原作はベーオウルフにかんする古英語の叙事詩で、この英雄がデーン人王フロズガルに救いの手を差し伸べる。フロズガルのヘオロットと呼ばれる館は、怪物グレンデルの襲撃を受けていた。ベーオウルフは怪物を見事成敗するが、その後怪物の母親との対決も余儀なくされる。それから多くの年月が過ぎ、今度はみずからの王国が竜の吐く火焔で焼き尽くされる。この竜の退治にも成功するが、ベーオウルフはその牙の毒で命を落とす。

　ベーオウルフ伝説は、舞台の一部をデンマークに置いているだけでなく、北欧神話のような英雄神話の影響を見せている。またこの伝説自体も、直接的な伝承

から複雑性を増したスピンオフにいたるまで、さまざまな物語に影響をおよぼしている。ニーヴン、プールネル、バーンズ共著のSF小説『アヴァロンの闇』（浅井修訳、東京創元社）では、地球からやって来た植民者が、新世界で出会うものに馴染みのある名前をつけており、襲ってきた怪物的な生物もグレンデルと呼んでいる。その生物を倒したと思ったのは束の間だった。すぐさまグレンデルの大群が襲来し、コロニーを救う責任はベーオウルフに似た登場人物の肩にかかる。ベーオウルフはグレンデルを退治したが、ドラゴン

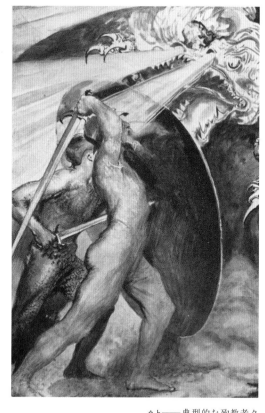

❖上──典型的な殉教者タイプの英雄ベーオウルフ。庇護する臣民のためにみずからの命を投げだす。偉業を成し遂げ怪物を退治した長い生涯は、竜との死闘で締めくくられる。

に殺されたという不吉な言葉とともにこの物語は終わる。そうなるとコロニーの将来はまだ安泰とはいえなくなる。果たして、その不安は続編の『アヴァロンの戦塵』（中原尚哉訳、東京創元社）で的中する。

　マイクル・クライトンの小説『北人伝説』（乾信一郎訳、早川書房）は、『13ウォーリアーズ』というタイトルで映画化されている。この小説では、北欧の地を訪れたアラブ人学者の実体験にベーオウルフの物語が交差する。物語に出てくる野蛮な死者常食族ウェンドルは熊の毛皮を着ており、北欧伝説の狂戦士（ベルセルク）との関連をうかがわせる。ウェンドルは夜になると村々を恐怖に陥れてい

たが、ついに戦士の一団が現れて勇敢にも蛮族に立ち向かう。そのひとりである王子は、やはり傷から毒がまわって絶命する。注目したいのは、筆者の執筆の動機に賭けの要素があったことだ。古臭くて退屈この上ないといわれる『ベーオウルフ』を、ハラハラドキドキの現代アクション小説にリメイクできるかという賭けだった。結果は吉と出て、映画化もされた。

大衆文化

北欧の物語との関連がわかりにくい大衆文化も出現している。なかでもクラシック音楽のリヒャルト・ワグナー作曲「ワルキューレの騎行」は、聞いたらだれもがピンと来る曲だ。1979年の映画『地獄の黙示録』で使用されて（もともとどんな曲かわからない者のあいだでも）有名になり、優れたサウンドトラックとして知られるようになった。この曲がかかると、無謀なことや攻撃をする場面ががぜん盛りあがる。ゾンビによる世界終末（アポカリプス）をテーマとするテレビシリーズ「Zネーション」では、生存者グループがトラックの屋根のスピーカーから「ワルキューレの騎行」を流しながら、人食いとアンデッドがひしめく建物を襲撃する。

「ワルキューレの騎行」は多くの似たような状況で使われているが、もともとはワグナーのオペラ4部作『ニーベルングの指環』、通称『指環』の中で演奏されていた。このオペラは「ラインの黄金」「ワルキューレ」「ジークフリート」「神々の黄昏」の4楽劇から成る。劇中には（ドイツ語名の）北欧の神々や人間の英雄、そしてワルキューレといった、人間と神が登場する。

神話から連想された「ワルキューレの騎行」を人々が

❖ワグナーの『ニーベルングの指環』

　『ニーベルングの指環』は魔法の指環を中心に展開するが、このアンドヴァラナウトに似た指環に特定の名前はない。この指環を失くしたヴォータン（オーディン）は、取り戻そうとして英雄ジークフリートを差し向け、竜のファーフナー（ファーヴニル）を討伐させる。ところがその後ジークフリートは、欺かれて無念の死を遂げる。ワルキューレのブリュンヒルデは、ヴォータンに逆らったために人間として地上に送られていたが、指環を元の所有者に返したあと自殺する。最終的に神々は滅ぼされる。この物語はゲルマン叙事詩の『ニーベルンゲン物語』（武田猛夫訳、慧文社）を脚色しているが、この叙事詩も『詩のエッダ』に収録されている「ヴォルスンガサガ」とよく似たプロットをたどっている。

❖上──ワグナーのオペラ『ニーベルングの指環』のブリュンヒルデとヴォータン。

聞き、この曲からさらに想像の羽を伸ばす。このことは、わたしたちの文化において北欧神話の影響力がいかに強力であるかを示しているといえるだろう。北欧やゲルマンの物語を題材にして作曲されたオペラ曲があまりにも象徴的になったために、それ自体が定番（またはおそらく陳腐化されたモチーフ）に近くなっているのだ。まるでもともとの北欧の物語が池にザブンと落ち、そこから波紋が広がって水中にある物体にぶつかったかのように。今は最初に落ちたものの痕跡は残っていないが、次々と波紋が波紋を呼んでいる。

　オーディンが披露した知恵に、万物は消滅し死にいたるが、人の生き方の評価は残る、というものがある。

❖次ページ──古代北欧文化を連想させる現代のシンボル。剣や円盾（ラウンドシールド）、蛇、竜にくわえて、特徴的な描画スタイルが用いられており、起源を知らない者にもいかにも「北欧らしい」と感じさせる。

牛は死に、身内も死に絶え、人間はみな死すべき運命にある。だが決して滅びぬたったひとつのものがある。偉大なる者の死後の栄光だ
──「ハヴァマール」

生涯の中で勝ち得た名声は生きつづける。たとえ永遠でなくとも、人の寿命よりは確実に長く。これはある種死すべき運命の超越といえる。わたしたちの言動が他者に与えた影響は、その人を動かし、その人をとおして別の人間にも影響を与える。わたしたちが死んでから時間が経っても、その行動の波紋は広がるが、影響力はどんどん小さくなり、ほかの波紋全体の中に紛れこんでしまう。やがて目には見えなくなるが、影響は留まり文化という巨大な波紋全体の小さな一部となるのだ。

北欧伝説もそうだ。古代の北欧の神々が民衆に崇められなくなって何世紀も経つ。北欧人はもはや、ヨーロッパの沿岸部一帯で交易や略奪をしたりはしない。「ヴァイキング時代」は1000年前に終わっている。それなのにその文化の強力な影響は今でも感じられる。注意して見る者には、今日でも社会を貫くその波紋がわかるだろう。影響力はもはや小さくなっているかもしれないが、いまだにそこに存在しているのだ。

索引

図版クレジット

AKG Images: 35

Alamy: 8 (All Canada Photos), 12 (National Geographic), 70 (Scenics & Science), 91 (Image Broker), 100 (Mary Evans Picture Library), 124 (Interfoto), 160 (Imagebroker), 180 (Janzig), 98 (Interfoto), 214 (World History Archive), 223 (Art Archive), 228 (Imagebroker), 231 (Art Archive)241 (Interfoto), 242 (Historical Image Archive), 248 (Interfoto), 268 (National Geographic), 273 (Ben Molyneux), 275 (Pictorial Press), 287 (Mary Evans Picture Library), 291 (Historical Image Collection by Bildagentur- online)

Alamy/Chronicle: 65, 93, 95, 133, 149b, 152, 166, 201, 206, 220, 260

Alamy/ Heritage Image Partnership: 16, 20, 34, 44, 53, 61, 63, 64, 68, 82, 84, 94, 116, 113, 116, 120, 163, 164both, 171, 181, 182, 183, 204, 208, 211, 218, 222, 224, 231, 233, 239, 245, 250, 255, 259, 261, 264 both, 267, 270, 277 both, 278, 282

Alamy/ Ivy Close Images: 39, 42, 79, 87, 118, 127, 129, 132, 134, 138, 142, 144, 145, 148-149, 154, 159, 165, 179, 196, 196, 225, 234, 237, 252, 262b, 285

Bridgeman Art Library: 43 (Arni Magnusson Institute), 104, 108 (Look & Learn), 128t (Look & Learn), 150, 174 (The Maas Gallery), 177 (Ken Welsh), 227 (De Agostini Picture Library/A. Dagli Orti), 229 (De Agostini Picture Library / A. Dagli Orti)

Corbis: 11 (Stefano Bianchetti), 161 (Stapleton Collection), 176 (Stapleton Collection)

Depositphotos: 14 (Doroshin), 24 (re_bekka), 89 (Zastavkin), 168 (Rudolf T), 169 (asafeliason), 170 (gornostaj), 197 (Kurt Hochrainer)

Fotolia/Erica Guilane Nachez: 71, 75,78, 92, 137

Getty Images: 22 (Hulton), 26 (Universal Images Group), 66 (Hulton), 246 (De Agostini), 246 (Werner Forman Archive), 251 (Werner Forman Archive), 271 (William Gersham Collingwood), 289 (Print Collector)

Mary Evans Picture Library: 31, 36, 41, 56, 58 (Photo Researchers), 73 (Photoresearchers), 105 (Photo Researchers), 112, 121, 156, 284

Mary Evans Picture Library/IBL Bildbyra: 29, 51, 81, 83, 187, 144

Topfoto: 123, 256 (Grainger), 283 (Charles Walker)

Werner Forman Archive: 6, 19 both, 27, 48/49, 96

［著者］

マーティン・J・ドハティ
Martin J. Dougherty

ギリシア神話、北欧神話、ヴァイキング、ケルト人、古代の戦士、戦闘技術などさまざまなジャンルで執筆。元防衛コンサルタントであり、数多くの歴史番組に出演してきた。邦訳書に『図説アーサー王と円卓の騎士——その歴史と伝説』（2017年）、『［ヴィジュアル版］インド神話物語百科』（2021年）、『［ヴィジュアル版］ローマ神話物語百科』（2022年）などがある。

［訳者］

角敦子
Atsuko Sumi

福島県会津若松市に生まれる。津田塾大学英文科卒、千葉県流山市在住。歴史、政治、デザイン、軍事など、ノンフィクションの多様なジャンルの翻訳に携わる。おもな訳書に、マイケル・ケリガン『［ヴィジュアル版］イギリス神話物語百科』、コリン・ソルター『世界を変えた100のポスター 上・下』、デイヴィッド・オレル『［ヴィジュアル版］貨幣の歴史』（以上、原書房）がある。

NORSE MYTHS
by Martin J. Dougherty
Copyright © 2015 Amber Books Ltd, London
Copyright in the Japanese translation © 2023 Hara Shobo
This translation of Norse Myths first published in 2015 is
published by arrangement with Amber Books Ltd.,
through Tuttle-Mori Agency, Inc., Tokyo

［ヴィジュアル版］

北欧神話物語百科

2023年7月31日　初版第1刷発行

❖著者⋯⋯⋯⋯⋯ マーティン・J・ドハティ

❖訳者⋯⋯⋯⋯⋯ 角敦子

❖発行者⋯⋯⋯⋯ 成瀬雅人

❖発行所⋯⋯⋯⋯ 株式会社原書房

〒160-0022
東京都新宿区新宿1-25-13
［電話・代表］03(3354)0685
http://www.harashobo.co.jp
振替・00150-6-151594

❖ブックデザイン⋯⋯⋯⋯ 小沼宏之［Gibbon］

❖印刷⋯⋯⋯⋯ シナノ印刷株式会社

❖製本⋯⋯⋯⋯ 東京美術紙工協業組合

©office Suzuki, 2023
ISBN978-4-562-07279-8
Printed in Japan